獨立鍛造

一生受益的自我心理學，
重新領悟生命八大任務，邁向圓滿

蘇絢慧／著

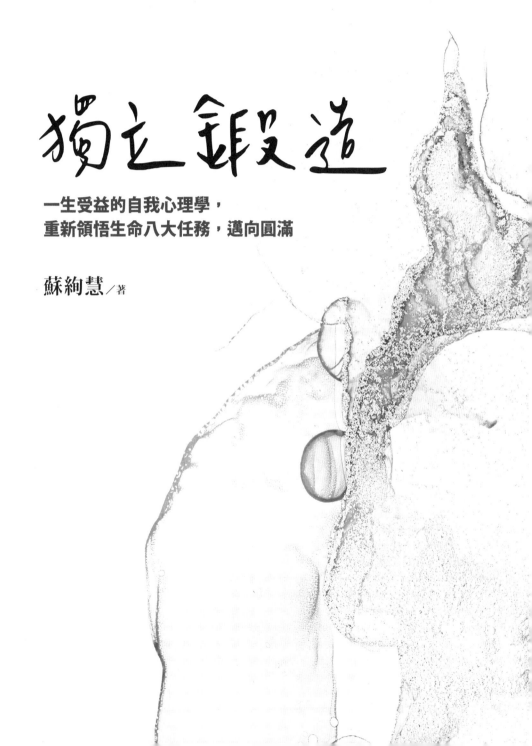

〈自序〉成就自己爲獨立完整的人

《七天自我心理學，找回原本美好的你》是一本我嘗試引導讀者認識「自我」的誕生與存在的入門書。藉由《聖經》裡造物主以七天創造世界為隱喻，透過一天一個主題的概念，說明及介紹關於每個人「自我」的形塑和制約，還有我們的生命要如何解構這些環境及社會的形塑及制約，把原本美好的生命價值及意義找回來。

歷經了七年，我續寫了這本系列作——《獨立鍛造》，同樣探討自我的鍛鍊和整合。有別於前作以七天隱喻，作為一個人持續且不間斷發展成一個真實自我的循環歷程，這次我借用了美國心理學家，亦即「自我心理學之父」艾瑞克・艾瑞克森（Erik Homburger Erikson）的「**生命週期心理社會發展八大任務理論**」，來闡述並分享給讀者如何透過我們的一生成就、實現及完成：一個完整獨立成熟的自我。就如同所有果子都有成熟的最佳狀態，自然也會有漸漸凋零及走到終止的時刻，這都是完整的一部分。

本書是我的觀點見解和整理，包含對社會現象的思考，以及我想向任何一位對活出完整生命感到熱切期盼的讀者，分享對「完成獨立」的看法。

我們一生，從誕生到最後一刻，都在詮釋和創造一個獨一無二的「我」是誰？擁有什麼樣的面貌和能力？又有什麼樣的限制和缺乏？沒有人會如神一般完美全能，也沒有人能像超人那樣所向無敵。即使我們嚮往渴求，但自古以來沒人能實現，總還是有自己的性格傾向，以及諸多恐懼、脆弱、無助等情感經驗。

事實上，我們之所以生而為人，正是為了學習如何真正成為一個「人」。活著的意義，在於學習知道如何是真正的活著；能抱著開放的心去體會和領悟人性的各種牽扯，及試著在各種不同的人際關係裡，呈現真實一致的自我，並彈性多元且自如的運用。最終，完成「如實是我」，接納及尊重自己一生的際遇和體會，安然自在又深深明白這個「我」之所以是「我」的奧義。

如實接納自己，才能完整

我們都明白，自我要發展得健全完整（Holistic），並不是簡單的事。在真實世界裡，總會遇到各種挑戰和艱難，與許多的阻礙和破壞，迫使我們反覆經歷挫折和痛苦，不管是無法如願，還是無法獲得足夠的支持和滿足，都讓我們的人生遭遇許多的碎裂及缺失，甚至賠上身心健康的代價。

即使如此，生命還是蘊藏著每個人可以發揮的潛能，透過自我的學習和領會，將內在蟄伏已久、沉寂已久的成長力量綻放出來，看見自己的豐沛，肯定自己生命的特性、天賦、智慧、力量，最終帶著真心實意完整接納自己的意願，欣然微笑以對自己的一生。

只是，過程裡我們不免困乏其中，摸不著頭緒，弄不清楚自己面對的究竟是什麼樣的困境和挑戰；痛苦、憂慮、愁苦、憤恨、混亂，各種糾結難平的情緒糾纏著我們，特別是現實的環境，也常是一個個問題接踵而來，絲毫沒有要讓我們喘息、解脫之意。

然而，在我如今生命走至五十知天命的此刻回看，卻覺得這正是生命的樂趣和奧妙所在。很多逆境及遭遇，經歷的當下真的萬分痛苦和艱難，有種看不見出路和無從解脫的錯覺，但當你承認自己的脆弱和渺小，不再以膨脹、誇大的自體感，誤以為自己應當是超人、完美全能，改以如實接納自己的經歷和體驗時，反倒能從歷程中認識更多的自己，也辨識出更多這個真實世界的規則和樣貌，然後如實地去學習和歷練自己所未了解、未通透的生命原理。

這正是生命轉化最艱難的一部分：原原本本如實接納自己，包括自己一生所經歷的，不論起伏、跌宕、缺失、脆弱，也都一併接納，那才叫作完整。然而這對人性裡的各種欲念來說，顯然違背我們對「完美」的執著，加上某些無法控制的變異性存在，一個人究竟會怎麼想、怎麼感受和怎麼產生定義，都不能由旁人決定和控制，因此，人究竟要怎麼應對自己的人生處境，進而接受各項生命階段的挑戰，端看一個人內心的領悟力和詮釋力有多少轉化力。

脫出心靈困境的人生指南

就目前的時代看來，未來的世界，重視獨立性和個體性已是一個無法迴避的趨勢。透過網路和虛擬空間的互動，人們已不需要大量地往外擴張，努力建立實際人際版圖。網路的世界讓我們有另一種互動和凝聚的方式，透過虛擬人設和更多表面、虛假的包裝，人們或許更容易隱藏真實的自己，卻也更容易留下陰暗面的自己，孤寂地面對一切的煩憂、空虛、憂傷和沮喪。

在目前的環境，人的內在力量或所謂的精神力量更顯關鍵，當世界越來越抽離，人們之間的互動層次越來越淺薄，我們必須獨自面對這世界的衝擊及變化，究竟要如何因應、調適或是接受呢？這恐怕是過去的心理學大師、哲學大師、人文思想家都還未體認過的新時代，而我們正在集體創造這樣一個新世界。

儘管如此，過往對人類生命發展的理論仍有經典之處，艾瑞克．艾瑞克森的「生命週期八階段」（在他過世後，艾瑞克森夫人增加了第九階段），在我看來就是一個解答：關於人類生命如何完整轉化，也就是無論這外在世界如何變化、演變，我們依舊能完成自己身而為人的特性和能力。

除非我們否定自己身為生命、身為人，否決了身為一個人的特性和本質，否則，作為一個人的存在仍有他生物性的生、活、老、病、死歷程，也有他要面對群體、適應社會和參與世界的不可迴避之真實課題。

那麼，不論這個世界要多迅速的進入元宇宙紀元，或要如何解構過往千古以來人生活的模式，即使日新月異，不變的仍是人有他必須如實體驗、如實啟動能力和如實完成一生的任務。

希望這本書給予任何想成為獨立自我的人一些啟發和導引。這不是一本能教你獲取世俗成功和贏得財富的書，也不是一本告訴你如何快捷地掌握幸福密碼的書，而是一本想要和你深刻地、從容地來面對自己身為人，如何成就自己是完整一個人的書，能使你擁有自己安身立命的能力，也有自己處變不驚的內力。

我始終相信，唯有我們願意深刻地體認自己的存在，我們才有機會真實作自己。這是我們一生，即使最終什麼都過眼雲煙，卻仍能深刻領悟的心靈禮物，與你生命同行同在，並因此讓你之所以是你，最珍貴的磐石。

自我心理學之父——艾瑞克森勇敢面對認同危機的傳奇一生

本書是參考艾瑞克．艾瑞克森的「生命週期心理社會發展任務」為寫作架構，加上我個人長期生命陪伴及諮商等臨床工作經驗的觀察和心得，交織結合而成的思想、觀點，因此，請容我在開卷之初，先介紹艾瑞克森教授，讓讀者對他有一些基本的認識。

艾瑞克森被認為是「自我心理學」的發展者之一，他的理論強調「自我」的功能，透過自我的成長及發展，我們能超越被「本我」的欲望支配，以及被「超我」操縱的制約和框架。

艾瑞克森認為，人在幼年時所處的社會環境，對於提供他們成長、調整、自我察覺與認同，可說至關重要，其影響範圍將會延續一生。他也認為，**早年生命心理社會發展任務若是受到損害，形成了障礙，造成自我成長的停滯，那**

麼個體的生理雖然成長了，但心理社會的能力，乃至自我生命的成熟都會受到阻礙。

綜觀來說，每種心理學說理論的創建者，其理論皆蘊含其生命歷程的經歷和領悟，透過他們生命的體會和遭逢，他們也在面對自己人生的難題及通透如何克服和超越之道。這些心理治療理論都包含著對生命的探問、生命哲學的思辨及提供知識解答。

艾瑞克森也是。他的存在和他著名的理論「認同危機」幾乎劃上等號；這不僅是他的重要學說，也是他青少年時期的困境。這個理論主要來自於研究青少年階段的生命主題，乃是追求認同，並可能因此引發自我認同危機。「認同」是一種關於「自我」和「團體理想標準」（相近於社會主流價值）之間的一致性是否產生了衝突、對立和疏離？關於「認同」的主題其實無所不在，從我們一誕生下來，就要和周圍的父母、手足互動，他們代表一種社會團體的存在，影響著我們認識自己、感知自己並建構自己的歷程。

人其實無法真正地脫離社會，脫離社會的我們，個人身分也就不存在了，因此尋求認同的處境其實一直都在，只是會從一個階段步向另一個階段。

讓自己成為自我認同的來源和對象

關於艾瑞克森對於「追尋認同」的探究，多少源自於他自己的出生背景及成長過程所經驗的事。他的生父不詳，母親卡拉不願意透露任何消息給他。卡拉帶著還不滿三歲的艾瑞克嫁給了他的繼父泰德，並且以愛之名未讓幼小的艾瑞克知道這件事。於是，他一直以為繼父就是生父，然而擁有典型丹麥人外貌的艾瑞克一點都不像承襲猶太血統的繼父和母親，導致社區的人質疑他的出身，這件事讓少年的艾瑞克相當困擾。

艾瑞克後來漸漸得知，原來一直認定的父親其實是繼父，這個事實嚴重地打擊他。為此，他四處流浪卻遍尋不得親生父親的下落，同時也對未來感到茫然，苦於不知道自己想要做什麼、想成為什麼樣的人？加上適逢動盪的二次大戰期間，這一切無疑都帶給年輕的艾瑞克許多自我認同上的衝擊和迷惘。

對一個男孩來說，無法知道生父究竟是誰，形同心中想得到父親認同的渴望無法實現。不過，艾瑞克卻將這種失落轉化成另一種力量，從一個無助和絕望的孩子位置，轉而面對這個心中悵然所失的缺憾，從那一刻起，他賦予自己一個全新的「姓氏」——艾瑞克森（Erikson），取自他的名字Erik，加上兒子

son這個字組合而成，意思為：艾瑞克的兒子，也就是在那一刻，他決定成為自己的父親，而他自己即是自己的兒子。他不再向外追尋能夠認同他是誰的生父，而是讓自己成為自我認同的來源和對象。

這是一個賦權充能（empowerment，詳見第四任務〈作業練習〉）的決定，他從渴望認同又遍尋不到認同的處境中，轉向對自己悲憫與慈愛，成為自己生命的承接者和關照者，並如實地成為他自己，去自我實現關於生命完成的動機與貢獻。在我們個體成熟的轉化上，「賦權充能」絕對是一個重要的關鍵，自我逐漸承擔起自己的生命責任，而不再渴望依從誰的給予及認可。

我認為，一個好的生命建構理論或實在的知識真理，在於是否能含有創建者的生命洞察與歷練，並確實讓後代生命朝向完整、統合、自立的方向發展。這些生命的過往，帶給艾瑞克森屬於他的快樂和悲傷，也因為這一份過往，他有機緣接觸到心理分析，透過與安娜．佛洛伊德（佛洛伊德之女）的學習和共事，並接受安娜．佛洛伊德的分析，正式學習心理分析，主攻兒童心理分析。

為了逃離希特勒的危害，他和妻子輾轉到了美國，成為波士頓第一位兒童心理分析師。從首席心理分析師到哈佛教授，他九十一年的人生都在研究兒童的養育方式和社會化發展、不斷聚焦在探討青少年的認同危機，並且持續檢視理論，將人生發展週期各階段的自我與社會的關係，一次又一次研究和補充，更不停地重新界定自己的想法、觀點和經驗。

艾瑞克森的「生命週期心理社會發展任務理論」是對他那個時代下的美國社會所進行的研究，但由於他的歐洲裔身分，使得他的研究觸角總能跨越文化藩籬，讓他的理論不至於狹隘和局限，而能對不同地緣的文化和民族都深具啟發。

從艾瑞克森和夫人共同發表論文《健康人格發展與危機》（一九五〇年）至今，已過了七十二年，卻仍深深地影響著世界各地，包括臺灣的「人類行為與社會環境發展」學術研究和教育領域，即使鮮少人直接提及艾瑞克森，但普遍上我們都已知曉人有認同的需求，也有認同危機的存在，同時也能粗略地了解人一生有好幾個發展階段，因此需要面對不同的發展任務和成長課題。

鍛造獨立成熟的你，以你的名字活出你的存在

從目前的社會變化，我們可以看見這幾年來普遍出現的爭議問題：「媽寶現象」，這不應專用於男性，而應泛指被父母過度保護和控制的孩子，以至於

停滯在兒童或青春期階段、無法轉化為獨立成人的現象；「啃老族現象」，則是指靠父母的經濟來源（月薪或退休金）過日子，不工作養活自己的共依存孩子；「婆媳衝突現象」，雖然是社會長久以來的問題，但近年曾發生媳婦控訴婆婆惡意壓迫至無法承受，因而自殺的事件，顯示姻親關係無止盡介入夫妻兩人的婚姻關係中，無法退場和給予尊重的代間家庭問題，在在呈現現代的孩子要成為一個獨立、有能力感、自立的自我，並不是一項容易達成的任務。

不僅如此，少子化狀況和越來越多人選擇一個人生活，某個層面顯示出現在的年輕人對於進入親密關係或孕育下一代不具信心和希望感，不認為自己能承接生命階段的不同挑戰和龐大的家庭責任（包含殘酷的經濟壓力）。

當然，就現在的時代來說，婚姻和生育已不再如過去傳統時代的意義般是一種「天性上的責任」，而是一種生活型態的「選項」，生命的體驗和完成有更多豐富的可能性，也有更多元、更彈性的方式。

問題不在究竟成人之後，要選擇何種形式的生活，而在於不論是建立家庭、婚姻，或是保持單身生活，我們是否都具有力量承擔自己的選擇，能自立自足，因應生活的任務及各項運作，逐步實現有意義和有價值感的豐盛生命？還是我們會集體沉淪，對人生充滿無奈、無力與沮喪？

當人成熟的力量不足，心理社會發展停滯在某個幼年或青少年時期的處境下，除了不利於生活外在條件的構成，也可能侵蝕內心自我的力量，萎縮、停頓、糾結和承受某種精神壓力痛苦，因此，下意識地抗拒體驗不同的生命週期，就成了最直接的反應——阻抗與退縮。

自我成熟與轉化皆需要個人內在的生命力，若內在生命力萎縮和虛弱，勢必會讓我們失去勇氣面對自己接續的人生和未來，更不可能對人生的方向抱有幸福的期盼。

這或許正是現今時代的困難和問題，人類一代又一代地繁衍，世界一代又一代地變化，人類的文明及科技在各個方面顯著進步，但是否真的有益於人類的提升和解套？還是造成更大的適應不良和套牢？我想，這個問題實在太過龐大，絕非三言兩語或個人情感抒發就能周全洞悉全貌。雖說如此，我還是希望透過一本書的架構，分享如何鍛造獨立成熟的自我，具備健康的心理社會機能和人格，帶有覺知意識地活出自體的完整。

目前社會已處於大量資訊充塞的時代，人類的專注力也大幅減縮只剩下八秒，但我相信對自己生命本質的深厚探究和認識，仍是一件值得我們深入和保有熱情的事。事實上，若沒有個體的存在意識和豐富的獨特性，這世界對我們來說，實在不具有什麼意義。人生一回合，不正是如此嗎？把你自己活出來，用一生的際遇和力量，以你的名字活出你的存在、寫下你之所以是你的故事，直到生命終了的時刻，你了然於心地感悟：啊！我以一生完成了我自己。

若你覺得這是你所欲探知的「內在我」，也是你想如實成長和發展的生命，那麼成為自己的再生父母，重新關愛和培育自己的缺憾和不足，再一次的陪伴自己、提供資源支持自己。如同艾瑞克森所說的：「**真正尋找出你之所以是你的根源，那些來自於你的，就是你的根源。**」

一個生命的誕生，是為了完成自我

艾瑞克森之生命週期心理社會發展完成歷程

八大階段	基本優勢／基本對立	心理社會危機	特殊關係範圍	存在問題
嬰兒期	希望／退縮	信任對不信任	母性角色	我能不能信任這個世界？
幼兒期	意志／衝動	自主獨立對羞怯懷疑	父性角色	我可不可以成為我自己？
學前期	目標／抑制	主動對內疚	家庭	為我自己而做、移動和行動是可以的嗎？
學齡期	能力／惰性	勤奮對自卑	鄰居、學校	我能不能和全世界的人與事物做什麼事？
青少年期	忠誠／否認	身分認同對角色混亂	同儕、模範	我是誰？我能成為什麼？
青年期	愛／排外	親密對孤獨	朋友、伴侶	我能不能去愛？
成年期	關懷／拒絕	愛心關懷對頹廢遲滯	家庭成員、工作夥伴	如何完成我所認為的人生？
老年期-死亡	智慧／輕蔑	完美無缺對悲觀沮喪	人類、我的同類	對於成為我自己的過程是否滿意？

摘自《生命週期完成式》心—性階段和模式（二〇一二年）

CONTENTS

Mission 1

生命第一任務
你來到這個世界，最重要的基礎——基本信任

Mission 2

生命第二任務

展現我存在的時刻——自主或羞怯

Mission 3

生命第三任務

你的行動決定你是誰——主動或內疚

Mission 4

生命第四任務

關於成功或失敗的學習經驗——勤奮或自卑

Mission 5

生命第五任務

當我和別人不同時，我是誰？——自我認同或混淆

Mission 6

生命第六任務

我真能擁有愛嗎？——親密或孤寂

Mission 7

生命第七任務
實現自我價值，誕生心靈的力量——中年的生產或停滯

Mission 8
生命第八任務
圓滿完成這一生——整合或絕望

| Mission 1 |

生命第一任務

你來到這個世界，最重要的基礎——基本信任

沒有了信任，你在這世界將寸步難行

你可曾清楚覺知自己信任這個世界嗎？你信任這世上的各種關係嗎？你會相信自己的存在和這個世界緊密地連結著嗎？

這個世界由包含你的父母、家人、朋友及你的生活圈所組合而成。你信任他們嗎？並且相信無論你發生什麼問題或情況，他們都會伸出援手、成為你的後盾嗎？基本上，你活著，不論主觀感受如何，絕對不是孤絕一人存在這地球上，而是和群體一同存在、一同構建這世界的每日樣貌。

信任，是我們立足在這世界的基礎。而和「信任」息息相關的雙生體驗就是「安全感」。對一個嬰兒來說，他不會需要處理太複雜、難度太高的安全感，他只需經驗到足夠的安全感就好，那就是安穩的懷抱、輕柔的情緒，和規律、寧靜的生活環境。

從誕生的那一刻，生命的存在透過各種感知和這世界接觸，即使視力還沒發展完全，視線還未清晰，認知還未明瞭周遭的人在談論什麼，也還未能透過個體的思考、辨識，知道自己處於什麼環境，周圍的人和你的關係要怎麼定義。但是，你仍是透過了感知，開始和所處的環境建立一種聯繫，特別是那個與你共生身心同步數月之久的母親，你們就像是配對好的藍牙裝置，無形間，不需要任何文字說明來界定，就自然而然產生聯繫感，像是本來就是一個整體分成兩個區塊，不論距離如何，還是能感應到彼此，產生無線連結。

你一定看過剛出生仍未睜眼的小貓或小狗，透過氣味或感知，努力地朝向母體趨近，無論是吸吮奶水或是依偎取暖，這都是自然的本能，不需要後天的教導和塑造。這就是生物的天性。

在這個還未能清楚意識、了解究竟自己身處何方的情況下，生命的存在，只能「絕對信任」這個環境能提供給他生存所需要的一切。特別是他天性仰賴的母親，能給他需要的食物、足夠的懷抱和安全衛生的環境。

在這裡要特別強調，生命的一開始，這種信任無從選擇，而是「必須要」。如果他幸，那麼他必須要的信任、一種天性上的依賴，將會得到適當的供應和滿足。如果他不幸，那麼，一連串根本毫無頭緒的身心衝擊，即將如暴風雨侵襲他的生命，他毫無能力逃跑、迴避，畢竟身軀和年齡是剛剛誕生的初始階段。因此可以說，這第一生命週期的發展任務：信任，將會成為他接下來體認自我與這個世界關係的重要基礎。這段最初生命經歷的遭遇，在他渾然不知的時候，就已在他的身上留下紀錄，他之於這個世界，是能得到安全、呵護和照顧？若非如此，他可能將會時常經歷驚恐、不安、疏忽和受傷。

從完全依賴中，發展出基本的自立

就人類的生物性發展來說，最開始的一、兩年，尤其是零到三個月時期，大腦神經和骨骼、四肢、器官，都在密集迅速地發展中，體型和外貌幾乎是日日夜夜都可以清楚看見變化，每一天都和前一天不同。我們的人生，雖然說在青少年階段的變化也很大，但都不如新生兒階段那樣，每日更新、每日變化。這意味著這個時期的孩子，正積極地預備投入世界、發展個體的基礎能力：能翻身、能坐、能站、能走和跑跳。在最初的一、兩年，他蓄勢待發地在準備，關於他能從完全依賴的狀態，到能有最基本的小小自立；能決定自己的動向、能進行自己的動作、能完成自己的意圖。

那麼，在這最初的頭一、兩年，生命要完成的就是在足夠的餵養和照顧下，無論是身體或是心理，都有夠好的營養、資源和供應，來讓生命在密集發展的過程中有正向的助力，協助他在每一個小小的環節上練習、突破，成就他需要的發展。

在理想的情況下，他先天上的基因能使他具有基本的能力自然成長，或許快一點，或許慢一點，但都能在大約的成長時間點，自然發展出他所需具備的能力。

對剛離開母體、誕生在這個世界的嬰兒來說，要努力發展自己的生理諸多系統以得到存活，還需要適應外界的各種聲音、溫度、氣味及想像不到的刺激，若沒有周圍的照顧者（無論是否為母親）給予協助和解決外界的諸多問題，那嬰兒只能無助地承受一切，無可避免地直接經歷所有令他身心壓力過大的刺激，即使他根本對承受的來源一無所知。

以嬰孩來說，能和這個世界產生正面連結，無非是感受到愛與親密的滋養，這份愛與親密的體驗需要來自於「信任」。在他無法辨識和判斷任何外界刺激是什麼的情況下，只能單憑這一種信任、依靠，來讓自己存活。

照顧者足夠穩定和輕柔的擁抱，能安定嬰兒的不安情緒，還能讓大腦神經元發展連結得到幫助，對日後的各項學習歷程有正面助益。母親氣息的存在和連結，能帶給嬰孩所需的依戀感與增進安全感。對嬰孩來說，母親安穩的存在和撫慰，就是最好的安神力量。也就是說，母親的狀態及周圍養育環境的品質，還有相關**照顧者的對待和撫育方式，都將影響嬰孩的初步心理——社會發展，尤其在和外界世界的信任關係上影響深遠。**

主要課題與任務

我能不能信任這個世界？

基本信任，是每個生命的基本需求。從嬰兒零到兩歲，能和母親這個特別且主要的依戀對象建立起信任感和安全感，是這個階段的生命最重要的需求。若是缺失了母親，其他的主要照顧者是否也能維持猶如母親的照顧品質及滿足安全依戀的需求，都是影響「信任感」狀態的關鍵。

這個時期，一個最基本的命題是：「我能不能信任這個世界？」

若是這個世界不值得信任，那麼對立性就會在個體的內在感知中發生，產生「不信任」的基本設定。當基本信任受到阻礙或破壞，產生對立的不信任時，那麼個體在往後的日子裡就會帶著這樣的缺失不全，在未能發展基本信任的自我狀態下，繼續往前經驗他的各個生命階段。

雖然之於母親，孩子對母親有著最本能的全然需求，是一件極具壓力的事，也剝奪母親許多個人的時間和空間。但不能否認的事實是，孩子一誕生在這世上，離開最安全及最受保護的母親子宮後，他仍渴求與母親連結，希望能獲得和母親相視對望時的一種信任感受，知道活在這世上，他不是孤伶伶的一人存在。

他感受母親的同在、連結母親的存在，其中有著一種最天真的本質，想要深信不疑地感受被愛、被滿足和呵護。這份天性中的渴望，來自一種生命的本能，期望與這位帶給他生命養分的源頭，有一份緊密相繫的連結。並從這一份最重要的關係連結開始，慢慢地拓展和延伸與這世界其他人的關係。

由此可知母親的重要性。不論母親自己知不知覺，或是有無意識到這一段母嬰關係對孩子的重要性，從生命的聯繫來看，嬰兒都會非常重視母親，也渴求從母親的懷抱裡去經驗到全然的被愛與接納。所以，他搜尋母親，用他的感知本能去搜尋、聯繫母親在哪。他自然地將母親作為他最重要的依靠，也將母親作為他個體存在的中心。不論母親這個客體是怎樣的一種呈現，或是否有什麼憂愁或煩心，他都無從得知，卻仍心繫於母親的溫暖和安撫。

在最初兩年的生命期，嬰孩透過和母親連結及相處的品質，經歷周圍環境所給予的安全及撫育，母親促進這個孩子建立對自體的基礎感覺：「我是重要」還是「我是不重要」；也建立對外界的基礎感覺：「外界值得信任」還是「外界不值得信任」。

嬰孩無從辨識原因。即使外在世界的變動或影響，導致母親的缺席或心不在焉，嬰孩都是無法得知緣由的，他存在的感知只能聚焦在自己所處的環境，究竟是危險令他不安？還是有足夠的供應和安穩？

孤立無援，存在需求未能被回應、被滿足

為什麼「信任」和「不信任」是我們生命最初階段的重要發展呢？

因為那關係到你接下來的一生，會以什麼樣的感知來解讀和反射你對這世

界的「設定」。這個「設定」將決定你的姿態、情感和行為反應。

生命的最初時期，若是你經歷到許多「不安全感」──也就是危險或缺失，那麼你不會信任環境是安全的，你會因為被刺激而引發強烈恐懼和失落，以及諸多的沮喪，類似於憂鬱和無助的感受。若是情況反覆出現、高強度張力沒有獲得平復，那麼在長期的情緒壓力下，身心成長的發展不僅會受到抑制，還可能在心理上產生接近於「絕望」的感覺，不認為自己的存在和這世界有任何關係，也不覺得這世上會有一位重要的人對你伸出雙手、支撐你的存活。

這種「絕望感」很傷害生命，當一個生命體尚在需要被保護和關懷照顧的階段，他已感覺自己的存在和這世界上毫無關係，比方被丟棄或忽視，卻完全沒有任何一個關心的人出現，那麼他將如何感知自己呢？他會自然而然地感受不到自己，彷彿他並非真實存在，而是虛無的、隱形的，這世界沒人看見他，他也將看不見他自己。

我在諮商實務工作上會遇到許多被標定為「焦慮症」的當事人，在他們焦慮無助的表徵裡，可以發現他們對這個世界不具有「基本信任」。任何生活中發生的事件，不論是生活要面對的功課或工作任務、自己身心所經歷的病痛或不適、必須面對的人際關係問題等，他們大部分的感知都會停留在類似「孤立無援」的心態上，也會對外在事件產生一種誇大的、非理性的、極具災難化的想像。

你會聽到周圍許多人主訴：「我只能靠自己」「我不知道怎麼辦」「這世界沒有人理我」，又或是：「我停不下來一直想該怎麼辦」「我有一種要完蛋的感覺」。

當然主訴只是一個認知線索，還要加上所呈現的情緒反應，以及他們實際的行為是否在一種重複和無效的作用中循環。

為什麼我會說，這是「基本信任」出了問題或是一種自我發展障礙呢？因為這些呈現了當事人對自己的存在和外在環境的存在之間，並未有一條實在的關係連結線。要知道，這世界（社會環境）對於個體的存在，其實有許多有形無形的支持和資源的供應。

「大多要靠我自己」的個人，他的基本假設就是「這世界沒有可以信任的人」。若是回到生命的最初期，誰會是讓一個嬰孩產生「這世界沒有可以信任的人」的原因呢？很明顯的，感覺孤立無援的人，在嬰孩時期並未感知到有這樣一個令他信任的人存在，他的存在需求未能穩定且適當地被回應、被理解和滿足。

沒有被忽視、虐待的記憶，卻留下身體的感知

沒有記憶，不代表感知不存在。尤其在生物發展上，也可能造成身體機能的損害，例如：腦傷，也就是某些腦部功能發展上的損害。很多人深信孩子還小，什麼都不知道，做什麼都沒關係，他們不會記得，也不會知道究竟發生過什麼事。堅信自己不論對孩子做什麼都不會記得，也不會知道究竟發生過什麼事。這是身為照顧者的無知。臺灣曾發生好幾起托嬰中心的育兒員，以大人龐大的身軀壓制嬰孩，使嬰兒在短暫缺氧下昏昏欲睡而能快速入眠，卻不幸發生憾事，導致嬰孩被悶死。我對於這樣的照顧方式感到不可思議，也萬分痛心。尤其是造成死亡案件的育兒員竟聲稱是其他資深同事教她的，這就更讓人訝異了，何以有成年人會認為這麼做是合理的育嬰方式？是真的偏信他人的教養祕方？還是在為自己的無知及懶惰推卸責任？

對可能造成的危險毫無知識，也根本不了解這可能危害嬰孩最重要的大腦發展，若真是如此，那或許意味著我們社會對人的生命、身心上的健康發展，並未真正重視和關心。連身為專業的育兒員都有如此的輕忽態度和認知，那如何能確定父母、保母，或是其他照顧者都能有正確認知和態度呢？為求方便照顧，以大人的作息為主、為重的照顧者，仍占多數。

在各種照顧環境中，人們很容易就發現衛生條件是否對孩子不利，畢竟大人真的很擔心孩子生病、危及性命；但人們卻不太注重照顧嬰孩的社會環境會如何影響孩子的心理及性格發展。大多數人通常不具備心理健全和性格發展的概念，甚至不認為這和照顧環境中的人際互動及對待方式有何關聯。

對嬰孩鮮少回應，也鮮少擁抱，更多的是以高壓的情緒進行餵養過程，輕易以各種行為或口語方式嘲弄嬰孩、用力搖晃，甚至情緒性咆哮，這不只在一些不當管教的家庭發生，也在一些托育機構上演。臺灣二〇一八年一至四歲幼兒死亡率與經濟合作暨發展組織（簡稱OECD）國家相較下，竟然高居第二。臺灣的出生率已是眾所皆知的世界最低，幼兒的健康維護和正向教養卻也遭遇艱難的困境。至二〇一九年的統計報導中，指出近六年裡臺灣至少有一百三十四名兒少遭虐死，二〇一七年二十九名遭「他殺」的孩子，無一例外死在家內近親手中，死因包括：虐待、疏忽照顧，甚至謀殺！

即使在不利且暴力的教養環境中倖存下來，嬰孩在這樣環境中所遭遇的虐待或疏忽，造成情感關係連結遭破壞，並與世界產生對立和不信任，又會由誰來關切呢？這樣的個體長大了，所承受的複雜性身心痛苦掙扎及關係疏離感，可能連當事人都不明白究竟為什麼會這樣？

不足與缺失的後果

導致全然不信或盲目地全然相信

誕生後的最初階段，在信任感不足和缺失的情況下，無疑的，對這個世界基本的態度會是：「不信任」。不信任會發生什麼事呢？那將為一個人帶來難以平息的焦慮和不安感。原本你該活在一個安全可靠的環境下，身心同步發展地安心成長，結果你卻活在一個壓力強大的不安全環境裡，時時感到有失去性命的危險。

為了應付這份危險感，嬰孩會費盡身心能量，激起身心機能過度反應，而處於一個「不尋常」的激發狀態，在這樣不尋常的危險環境中，生命體如何健全成長呢？即使他意識上未能清楚認知究竟自己處於什麼環境，但本能上，大腦和身體為了生存會有最直接、最自然的警戒。警戒狀態不利於生命發展，尤其是大腦，由於**過度警戒和焦慮，會有延遲或抑制發展的現象，也影響一個孩**

子未來的身體器官健康程度。

在嬰兒的發展階段，正面的信任感建立，不僅能讓個體經驗到信任、希望感，也幫助後續的成長階段有穩固的基礎，就像是房子的地基打得好，一層一層搭高的建築就能穩固安全。若是信任受到破壞，發展遭到阻礙之下，個體將會遭受許多焦慮感侵襲，無法停止懷疑自己存在的安全性受到威脅。

全然不信

信任與不信任，是一個人活在世界，和其他人的關係是否產生問題的基本根源。不信任外界，就像一只回力鏢，勢必會返回對自身存在的不信任和各種懷疑。

你會看到有些人在疫情期間，對外界訊息充滿了各種懷疑反應，惶惶不安地認為自己在疫情中會受到許多陰謀論的危害；不僅政府不可信任、各種專家及博士也看似詭詐和狡猾，外界的存在目的都是為了傷害他、滅殺他。

這種因不信任導致的堅決質疑態度，和因為不了解而願意進行充分理解及思辨的歷程是很不同的。在未充分了解下，通常我們會先去蒐集資訊、了解各種論證和數據，再進行獨立思考和判斷，來決定自己的取向和所支持的觀點。但不信任的質疑態度，是廣泛性的不信任，是不求甚解的，在未經了解及思考的情況下，即以主觀的成見進行反射性的判斷。而這種不信任的心理狀態會反應在各方面，特別是擴及周圍的人際關係：對於別人的意圖充滿了懷疑及臆測，覺得別人處處針對他，打壓攻擊他、欺騙他和損害他。

盲目地全然相信

另外一種不信任反應則是以「過度信任」來呈現。既然都不可信任，那麼乾脆不再設防，也不再進行任何辨識，即使被詐騙或被愛情騙子欺騙了非常多次，在信任感上面仍然無法進行校正回歸，恢復到該有的信任能力和水準。

無論是完全的不信任或是誇大的過度信任，皆源自於「基本信任」出現問題。因為基本信任沒有建立，也就難以去評估跟平衡該有的信任水準是如何，當然也就困難「修正」或「校準」該有的信任狀態。

有以上情況的個體，不是全然地不信任，一竿子打翻一船人；不然就是無論被騙多少次，仍執意地盲目全然相信，認定所有人絕對是無害、良善的。不論是前者或後者，都無法真實建立有品質的信任關係。

從恐懼生出不安與焦慮

「基本信任」的重要關鍵在哪裡呢？其實基本信任若能建立起來，讓嬰孩和世界建立穩當的關係連結，那勢必是周圍的主要照顧者能讓嬰孩感受到安穩、可靠及正向回應，並且對存活在這世上感到安全、安心、有信心；即使自己的身軀如此弱小、心智尚且脆弱，也不致感到莫名的恐懼和驚嚇，更不用擔心環境會隨時發生導致喪命的危險。

「基本信任」的發展若發生了損害，對個體而言，生活中將布滿兩大情緒困擾：不安與焦慮。這兩種情緒困擾的原始情緒是「恐懼」。這是哺乳類動物為了保障安全生存，所具備的偵測危險本能，透過恐懼情緒的激發和神經傳達，讓個體快速逃離及迴避可能發生的危險。

人類如今已不必像活在原野叢林的動物那樣時刻面臨生存挑戰，不再需要去覓食，努力尋找可讓自己飽餐一頓的生物，更不需擔心自己會成為另一物種口中的餐點。從演化角度來說，人類大腦的設定不需讓新生兒時刻活在生存壓力下，不必像動物出生不久後，即需感受環境裡的生存危機，因此保有天性上的敏捷逃生和偵測危險本能。動物的母親也無法做到完全保護好小孩的生長，動物們多少都需要仰賴自己的本能，從出生後不久便經驗弱肉強食的大自然法則。

人類經歷漫長的社會文明及制度發展，我們的基本設定已經不需要擔心大自然的風險，出生時有完善的醫療設施，由醫療人員妥善接生；回家後有足夠安全舒適的小床和餵養環境，不會發生吃不飽和穿不暖的事情；而社會的母嬰友善支持政策和資源，也讓母親和嬰兒一起在足夠的支援下獲得應有的照顧和保障。

但心理呢？情緒呢？影響母嬰關係的社會環境品質呢？這些有別於動物所居住的大自然環境，卻是最影響母親或其他照顧者和嬰兒之間將產生何種互動品質的最大壓力源。

以一個嬰孩來說，他無法控制自己身上所發生的任何情況，無論是身體的機能或是進食及排泄問題，這也是許多母親或照顧者覺得最難的地方。為了讓生命存活，不要造成危害和損傷，確實可能讓母親及照顧者神經緊繃，深怕自己做不到、做不好。尤其在新手爸媽之間，更產生了前所未有的壓力，一種無法掌控好生命安危的焦慮感也順應而生。

如此一來，焦慮和不安也很容易感染給嬰孩。畢竟情緒的感染力很容易擴散和影響最親近的人，尤其是嬰孩。父母及照顧者可能在自己的早年生命發展階段，亦有「基本信任」的障礙及問題，對自己不具信心，也對環境的幫助和支持感到灰心，深具敵意。「敵意」是很普遍的「不信任」神經自動化反應，覺得周圍環境皆具危險，是導致可能不利於生存的來源。那麼這樣的父母及照顧者又怎麼可能連結資源，為孩子創造和經營可信任的社會關係？

敵意屬於認知及行為反應，外顯為可以看見的舉止或姿態，但其心理結構的情緒來源，仍是來自不斷激發的生存恐懼所造成的社會性情緒，在社會環境和人際關係間產生的適應障礙和困擾。這複雜性情緒，夾雜許多參考架構、認知信念解讀所造成的適應不良而產生的自動化情緒反應。

不安

不安，是不信任的最直接反應。在馬斯洛人類需求層次理論（Maslow's

hierarchy of needs）中，依金字塔較低層次到較高層次的發展，人類有：生理需求、安全需求、社交需求（愛與歸屬）、尊嚴需求（尊重需求、自尊需求）、自我實現需求和後來增加的超個人實現需求。在這個理論中最基礎的兩大需求是：生理需求和安全需求。這兩項基礎需求獲得及建立之後，人才能往上追求及發展更高層次的需求。

因此，**安全感需求是我們身為人是否能構築健全自我及發展有意義關係的基底**，讓我們生而為人，不是封閉在退縮及隔離的環境，而能勇於展現自我並樂於與人交往和建立關係。

無法信任，就無法建立安全感。我的許多諮商當事人都表達過內心時常感到惶恐不安，對任何人事物都難以安心和放心，像是負責的工作進度、計畫進程掌握、上臺說話的表現，或是參加任何的競逐（國家考試或面試）過程，總是擺脫不了內心的不安全感，最後引發身心症狀。其中最困擾的，莫過於和人建立關係，不論是和陌生環境的人事物接觸，或是進入需要緊密互動的關係，都令他們萬分惶恐、焦慮，自動化地冒出許多可怕的念頭，懷疑自己也懷疑他人。

焦慮

焦慮，可說是綜合性的身心激發狀態，其形成機制相當複雜。焦慮作為許多情緒的混合體，還包含非常多成分的非理性信念，想把情況控制得盡善盡美、毫無瑕疵，絕對不能出現任何失誤。

焦慮的人通常都很希望事情或情況照他的預料或計畫進行，但往往事與願違，實際情況常令他們更焦慮、更崩潰。為什麼我說這其實也屬於「基本信任」出現困難或障礙呢？因為焦慮的人，也是一種未能從環境和人我關係中感受到信任和適當依賴的反應。凡事只能掌控在我，當自己未能將一切控制好，就覺得一定會發生大事、不好的事，於是，個體只能硬撐，強迫式要求自己一定不能出錯、不能失誤。

這有多少層面是來自幼年時，並未充分感受到安心的依靠和保護呢？生活周圍的大人是否都不理睬或無法真確理解一個嬰孩的需求呢？或是，讓嬰孩的需要常被錯誤回應，或遭受冷漠疏忽？

當然，沒有人的童年是完美的，也沒有人的環境是盡善盡美的，但我們所指的並非是大人或環境的全然滿足及供應，事實上，嬰孩的胃口沒有那麼大，也不是一個無止盡的索求者，而是在於一個最基本的信任問題：在這個照顧環境或家庭裡，母親或照顧者是否真的將孩子放在心上？是否將嬰孩的呼喚視為重要的訊息而加以關注和回應？在嬰孩對這世界一無所知時，照顧者的安穩存在及有品質的互動關係，足以讓孩子從這份可信任的依戀情感連結，進而產生和這世界的關聯，把自己視為這世界的一分子，允許自己的存在，也接受世界的存在。

若是缺失基礎信任，那麼人活在世上，不僅活在焦慮和恐懼的折磨裡，同時也不利於心理建構，產生偏執、猜忌及大量質疑的負面心理，並且為了防衛自我而耗盡生命能量，感覺全世界都與我為敵，因而陷入極為辛苦的生命處境。

自　　我　　評　　量　　表

【基本信任】不足自評表：

自評這些現象是否發生，或內在是否發生這些感覺？陳述句越符合自己的主觀感覺，基本信任受損程度就會越影響自我與社會環境的互動關係。

□ 即使沒有明確的危機事件發生，還是時常感受到莫名的焦慮、不安。

□ 對外界發生的事件或出現的訊息，第一時間的反應偏向負面，例如懷疑或反彈。

□ 對自己的存在有很深沉的孤立感，覺得自己不屬於這個世界。

□ 經常冒出有人在背後嘲笑或惡意評論的恐懼感，覺得四周的人都排斥自己。

□ 經常覺得這世界充滿拒絕、欺騙和傷害，沒有任何友善和支持存在。

為自己培養及完成課題

重現自我信任感、修復對環境的信任

當我們還十分幼小時，我們無法決定所處的環境和家庭是什麼狀態，也無法選擇究竟要不要生活在那樣的環境。

不論你的家庭環境如何，你都只能接受，並讓自己存活下來。然而，你或多或少都帶有某些發展上的不足，甚至是缺乏。而成長的意義和價值，在於我們能透過後天的學習再受啟發，來領導自己重新學習及養育，把過去缺損的補足、修復回來。

「基礎信任」的心理社會發展任務，可視為一切發展的基礎，若失去這份和世界的信任感，我們的不安和焦慮不僅時刻干擾生活，也不利於建立具有信任感的關係，更遑論要實現自己的生命價值並貢獻給這世界。

學會辨識怎麼做能提升信任感

首先，成年之後，從自己的生活經歷中，帶領自己學習及辨識：怎麼做能增進對環境的信任感？怎麼做會破壞和周遭的信任感？

這不是指被動地觀察周遭環境的他人做了什麼及不做什麼，會怎麼影響你對他們的信任感；而是指你可以積極地體驗和嘗試：你做了什麼，會讓自己的信任感增加或減少；或不做什麼，會讓信任感有所變化。

例如，過去你常臆測，覺得別人不重視你、不在乎你，總是突然取消和你的約定，這讓你覺得不受尊重，因此面對他人的邀約時，總是不太相信，也不太放在心上。這樣的臆測和解讀，勢必會折損你的信任感。更可能進一步推延到其他關係上，覺得這世界盡是這樣爽約的人，任意輕忽別人。

如果你意識到如今的你可以做些不同的對策和行動，可以主動關心對方發生了什麼事：臨時取消或許是發生了什麼難以處理的事，或是對方身上出現了不可抗力的問題。當你能進一步知道原委，或是能和對方對話，這些都能減少你直接折損自己的信任感，並且不把問題歸咎在自己身上，簡化地做出決定：「不可信任」。

雖然幼年的遭遇和所處環境，並未能讓我們充分感知到信任的存在，我們也始終抱持對人的半信半疑，甚至是以不可信任的態度質疑一切。我們把世界、環境視為極惡，把自己視為極弱，總是在害怕被攻擊和被危害的反應中，不斷地增強對環境的不信任。

然而，這樣的作用下，個體並不會真正獲得好處，不會如願獲得安心的保證，也無法獲得有利於生存的條件，反而是每況愈下，越來越覺得這世界令人恐懼、令人不安，以致身心都集結了更多的焦慮和無助感，強迫自己用忍耐或壓抑的方式，對抗世界。

學會拿捏比例去信任周遭的人

「信任」之於人類的生活經驗，其實也是一份求生的「資源」。你需要信任社會，才能相信這社會有資源供應你的不足，支持你的存在；你需要信任家人，才能相信家庭會是你的安全堡壘和歸屬；你需要信任朋友，才能和朋友互信互諒，坦誠面對彼此及互相支持；你需要對親密的伴侶感到信任，如此才能放心和安心地接納他成為自己的一段關係，體驗親密與相愛。

若「基礎信任」的建立能力受損或喪失，在你脆弱和無助時，你將感受不到承接你的人或資源，不論在食衣住行，生活各方面的需要都將令你對這世界感到灰心、失望和沮喪。如此狀態下，生活對你而言又如何能不是折磨呢？

信任，不表示完全沒有懷疑，而是在你的內心可以練習拿捏比例，相信自己能蒐集訊息並做出判斷。或許你可以這麼區分信任環境和他人的能力及態度：在大部分沒有異常或讓你覺得不對勁的情況下，行使你七〇～八〇%的信任感，但保留二〇～三〇%的存疑。當然，人生總有意外，即使多數情況都沒出問題，也不表示能百分之百不出現變異。

就如大部分接觸到的人，我們可以信任對方的友善及沒有不良意圖，所以我們保持開放的態度，參與社交，認識新朋友。但這不意味你在所有接觸到的人之中，真的完全不會遇到任何不友善及懷有不良意圖的人。

正因為如此，你不會抱持嬰孩那種全然的天真，完全不設防地相信所有的人。但你也不會戒慎恐懼，深怕自己因為不懂得評估和了解真相，而讓自己踏進危險處境。

身為一個成年人，你會明白，其實要維持對這世界的基礎信任，不僅是小時候曾好好地經驗過信任是什麼，長大後更需仰賴我們的自信，相信自己有判別和評估能力，且不會毫無能力保護自己，以致只能受害。

如果你能重現對自己的信任感，就能修復對這世界的信任能力。以下有兩個生活練習，可以鍛鍊你對自己的信任，也能幫助你重建對環境和他人的信任。想要成為獨立而完整的一個人，這項基本的信任能力一定能陪我們如實地參與在自己生命的週期裡，完成自己的生命體驗。

作業練習

重建信任感練習

提升信任經驗

我們日常生活的進行，不是只靠自己一人就能運作；你出門需要搭車、作飯需要買蔬果食材、身體不舒服需要診治，必要時還會到診所或醫院接受進一步的檢驗。不只如此，你還有求知的需求、保健的需求，以及休閒娛樂的需求。這些都需要整個社會組織或制度提供，因此你每日都要經歷自己是否能信任他人的過程，包括對他人的能力和專業的判斷。

基礎信任發生障礙的人，不管做什麼下意識都會採取不信任態度。帶著一種根深柢固的偏見，質疑別人的能力、專業、表達和態度，容易以一種別人一定會誤會或誤判而刻意對他的事情有所延誤。並不是說這樣的情況絕對會發生，而是相較來說，這類人對於這樣的懷疑不需要事實根據，也不需要線索，單憑主觀的認定或號稱的「直覺」，就能產生諸多質疑和不放心。

他們可能對自己的廣泛性不信任無所知覺。對他們而言，不信任是出於「事實」，甚至有許多過往的經驗可證明他人是不可信任的、這世界是不可信任的。他們也可能並不知道自己的不信任態度和反應，是一種損傷後的呈現。

如果你已從生活的許多經驗裡察覺自己在信任的課題上遇到各種

阻礙，不論是不信任家人、朋友、伴侶、孩子、同事，或是其他環境中會接觸到的人，那麼你就需要開始歷練和累積自己的基礎信任。

你可以從許多小地方開始，練習帶有意識地去覺察和體驗。例如，出門搭公車。從緊張、恐懼，不知道自己是否能安全地抵達，當試有意識地去刻意體會：車子準點發車，過程中司機都很小心地行駛，最後載你安全地到達目的地、下車。

或是平常生活中和朋友的互動；當有人記得曾經和你的約定，以及別人做到他承諾過的事情，就算是再小的瑣事，也要記得在你的信任量表打上一個勾，做一個經驗值的儲存，累積你的信任帳戶。

有意識的重建信任感

重建信任感並非易事。我們都知道當一段關係的信任感遭到破壞，會產生被背叛的受傷感；一想到這樣的受傷感可能再次遇到，人們就會小心的防範再受騙、再被背叛的可能。因而將心門鎖上，拒絕所有可能讓自己誤信的機會。

因此，重建信任感實質上和一個人能否確信自己可以保護好自己、能否療癒自己的信念有直接關係。越是覺得受傷後，只能在痛苦的汪洋中載浮載沉，對保護自己無能為力，也對修復自我不抱信心，那麼他就會害怕再交出真心，並且擔憂和焦慮傷害將再來一次。

重建信任感的前提，就是即使會受傷也要去面對。若你認為對人、對環境具有「信任感」是很重要的能力和特質，那麼就算會損傷，你還是會將其修復好。譬如，你認為手很重要，一旦骨折，你自然願意花時間和各種成本將它修好，並且給自己療養期和復健期，以期望手能恢復到趨近原本的健康狀態。

信任感也是如此。如果你認為具有信任感是重要的人生態度，也是與人建立關係的根本，那你就需要讓自己的信任感具有復原力。你需要能夠辨識儘管這世界有傷害，但也有醫治；這世界有欺騙，也有真誠以待。遭遇情非所願的背叛或欺騙時，要能客觀釐清這是單一案例，並非所有情況和所有人都會這麼做。

藉此分享一個例子；我曾經在臺北火車站被路人假借問路，卻突然被襲胸，然後對方一溜煙跑掉，消失在人群中，剩下我呆楞得腦中像被轟了一槍，不明白在人來人往的車站通道上，怎麼會有人光天化日下做出這種事？我既憤怒又覺得羞愧，自責不應該這麼沒防備，氣自己為什麼要好心地以為對方真的遇到困難。

我們都可能遇到這樣的時刻，毫無預警地被傷害，彷彿自己是別人早已預謀好要掠奪的獵物，除了吃驚、惶恐、不解，還有滿腔的憤恨和極度糟糕的感受。這時候，你會想把那些難以承受的憤怒掃向四周，你可能會恨透這個世界，覺得這個世界糟透了、爛透了。但如果你沒有變成刺蝟，想要火力全開地攻擊這個世界，你可能會掉入一種全身力氣和力量都被那個傷害你的人抽走的狀態，各種混亂思緒和感受撲向你，有如一擊猛烈的重錘把你撞倒，加上曾有過的許多受傷和受欺負記憶湧上心頭，這麼一個事件就足以成為你內心的颶風，猛然間將你毀滅。

由於我長期投入自我修復和建立健全自我的心理工作，過往也處理了許多自己的早年創傷，學會成為自己最堅定而柔韌的照顧者和保護者，因此即使覺得身心受到衝擊，還算是很快就意識到自己經歷了什麼事，而能穩住內心，停止任何對自己的抨擊和質疑，並且能分辨車站裡滿滿都是人，不是所有人都會像那個人一樣做出那麼惡劣的行為，社會上也不是每個人都這樣帶著侵犯的意圖。

不懷好意，或有個人偏差和人格病態的人確實存在，但會發生這類事情，並不是因為我做了什麼，或基於我這個人如何，致使他這樣對待我。我既不認識他，他亦不認識我，會挑上我是機率問題，也可能有其他因素，但我都不需要為此承擔，更毋須為對方的錯誤背負罪過。我真正需要做的，是再一次相信我自己的品格和為人，並相信我這樣的人仍然有珍惜及愛護我的人存在。當然，日後若我自己一個人行走，對於被旁人叫住或突然被靠近，都會提高警覺，也會保持自己的觀察力，辨識自己的人身安全。

如果，你能體會，即使這世界有惡行，人性裡亦有惡性；這世界不會永遠都是溫暖和光亮，然而就算如此，你仍想保有對這世界的信任，才可能真的對這世界有愛——若這是你認為的價值和意義，那麼即使我們的信任感會讓我們遭遇傷害，為了那些值得我們相信和值得信靠的關係，我們需要承認傷害的存在，同時修復好自己的信任感，而這會讓我們再次經驗到愛的存在。

| Mission 2 |

生命第二任務

展現我存在的時刻
——自主或羞怯

自主性，即是生命力

一至三歲的孩子，意志是十分堅定的。你有沒有看過開始探索環境、學會按電梯或按遙控器的孩子？只要有機會，他們第一時間會馬上說「我要按」「我要、我要」，這是他們初次了解到自己的小小身軀也有力量去做一些事，執行自己的意願。當然，你可能也會看到一個受阻的孩子，如何用盡全身力氣，拚命抗議著被剝奪、被制止需求的痛苦，不情願地大叫或用哭聲來表達他堅定的意圖，甚至動手對抗。而學會討價還價的孩子，則不輕易放棄自己的想要，嘗試一次又一次和父母來來回回談判，在有所退讓和妥協中，為自己爭取多一點機會。

這些現象和行為，正在自然而然地展現孩子的「自主性」能量有多旺盛，促使他們去做自己想做的、渴望的。

這階段的發展任務，將讓孩子經驗到各種層面的原型「我」，包括「我的聲音」「我的力氣」「我的身體機能」，還有「我的存在樣貌」和「我的本能」。他們好奇自己的名字，好奇別人怎麼注意他，也想透過自己的行為舉動觀察環境裡他人的反應。

在這個發展過程中，他正經驗自己是否被認可為一個完整獨立的人？又或者他只是一個依附者或跟隨者，甚至只是一個物件？

當然，有些孩子在展現自我上是比較退縮的，他們的注意力更聚焦在關係上，會觀察周圍大人或照顧者的反應，也會聽從指令。這多少和孩子天性偏外向或偏內向有關。

外向的孩子有更大的動力去探索世界（環境），這世界什麼都能吸引他們的眼睛，什麼都能引發他們的好奇和興趣。他們想要全世界，只要所及之處都想去冒險、去挑戰。而內向的孩子，更關注於所需要依賴的關係，關係中的那人是否存在、令人安心且有回應。他們並不需要全世界，只要那個他們覺得重要的人存在就好。

天性沒有好壞之分，都是一種性格，有其優勢也有其劣勢，特別是與社會環境的互動和交互作用下，都會產生代價，有可能是促進發展，也可能阻礙發展。對大多數的人而言，內向與外向之間，都不是純粹的極致表現，更像是光譜的呈現，時而內向、時而外向，依著情境和當下的心理狀態轉變。

無論天性上偏內向或外向，幼兒仍能展現出他的自主性，他要吃什麼、不吃什麼；他想穿什麼、不想穿什麼；他喜歡接觸什麼、不喜歡接觸什麼。而且普遍的，孩子對於被壓制和控制，都會本能地抵抗，甚至會以拚命三郎似的力氣和照顧者對抗。你可能也經驗過孩子用死命一搏的力氣傳達那不是他要的，或是他如何感受到不適，而被他釋放出的能量所震懾。

這就是所謂的自主性。在這個成長階段，每一天、每一刻，幼兒都在進行作為一個獨立生命的體驗，從出生第一年的尾末開始，會翻、坐、爬、站、走和跳，皆在進行他身為一個個體，既有其自然的發展，也有他個體運作的獨立系統。他會有自己的意識，開始學習語言、理解語言；他會有自己的情緒，不論是和環境互動所引發，或是有他個體的心情變化，你都會看見孩子確實是他「自己」。

我聽過許多幼兒的母親分享，她們想用什麼育兒方式對待自己的孩子，無論是看書學來的，或是計畫中的教養方式，每個人都曾想貫徹到底。但在面對真實的孩子時，一個真實的生命會非常直接地反饋與回應，不接受的就是不接受，不喜歡的就是不喜歡、行不通的就是行不通。在在讓這些母親深刻體會到，孩子是孩子他自己。父母和孩子都是真實存在的個體，我們都不是活在書裡或理論裡，最終我們都要試著在真實互動的關係中，實際認識彼此、了解彼此的獨特性和適合的相處與溝通方式，讓親子教養關係可以行得通。

在這個階段，若是父母或主要的照顧者完全忽視孩子的個體性，等於漠視他是一個獨立的生命。對於他這個獨立存在的生命缺乏關注和認識，只想以公式或計畫好的規範來訓練他。孩子確實能夠被訓練，畢竟這階段的孩子心智系統還在初步發展，猶如白紙，環境要控制他什麼，都有機會較不受阻地成功輸入，制約孩子。

但就一個活生生的生命而言，這個階段的重要經驗，並不是那些規範和訓練，而是在親情的關係中，他能否知覺和意識到自己的存在是受重視和愛護的。在形成最早期的依戀關係階段，能否知覺到他能在關係裡安穩存在，並接收到自己被愛、被接受，乃是因為他是他，而不是該有什麼樣的行為和表現才能決定他有沒有資格存在。

主要課題與任務

體察自主能力，以因應環境的變化

這個「自主或羞怯」的心理社會發展階段，是生命經驗最基本練習自控的階段。這段時期的自控力表現，確實對我們的人生影響深遠。

在成為行動自如的個體之過程中，我們必須經歷許多訓練和練習。這些訓練像是一個個的儀式過程，督促我們練習、進行、達成。從包著尿布到被叮嚀上廁所，進而能有自控力意識自己需不需要上廁所，能抑制排尿的衝動直到坐上馬桶才解除。還有，從被餵食或被塞安撫奶嘴進展到能自力進食，並自控不依賴吸吮奶嘴作為安撫。發展的過程不僅會牽涉到幼兒需要多久時間成為自立運作的個體，同時也關聯到周遭大人要以多久的時間輔助和管教。

在這個階段，社會的比較已開始影響我們成為獨立個體的過程，究竟是更具把握的掌握自控力，還是會因為達不到標準、無法順利完成訓練任務而感到羞愧和怯懦。自主獨立的歷程若是失敗，對立面就是對自己的羞怯及懷疑。在成為獨立運作個體的過程，我們免不了要被訓練各種生活自理的能力，這其實也是為了讓我們成為獨立運作的個體，然而人的特質各有不同，成長的開竅期也會有差異，若是社會沒有給出一些彈性空間，運用彈性的作法協助孩子練習，那麼一旦無法完成父母或照顧者的期待，孩子內心生出的最大質疑便是：「我可不可以是我自己？」──進而影響他對自我形成初步概念──我是不是差勁及不如人？

當然，成與敗將取決於環境教養的方式是以懲罰和羞辱為主，或是懂得用鼓勵和肯定的用語與方法。

我們都知道這個發展階段具有決定性關鍵，在之後的學習階段來臨時，深深影響著孩子是否已經具有基本生活能力，並能自在投入各種社會性參與：到麥當勞遊戲區玩耍、懂得和一群小朋友一起安靜地聽故事、能在動物園自在且歡樂地認識動物。在幼齡期要融入社會群體生活之前，需要有父母和照顧者的陪伴和互動，更好的練習自主和自控，以利適應社會上的生活。

這階段的主要課題和任務，是能體察到自己的能力、與生俱來的生理能量，和能有所成長的心智發展，幫助我們一日比一日更加理解環境和我們個體之間的運作，以及自己要如何因應環境發生的各種情況，包括生活壓力及變動。

當然，幼兒能在經歷許多要求及練習下發展出自主性是最理想的。畢竟，為了配合環境的規範和標準，家長們無法避免的期待眼神和口氣，都將有意無意地告訴孩子：「你該是什麼樣子。」

若是孩子能在家庭和社會文化所期望的要求及標準中，仍經驗到一個被肯定的我，同時他的獨特性和成長速度也能被接納，進而得到陪伴和等待，允許他是他自己，有自己生命成長的時間性，不因為有所不同而被嚴厲批評和謾罵，那麼他的自我就不會消失，不需要為了達成社會規範和標準而必須放棄自我的存在。

由此可知，這個任務的艱難處，在於我們要如何在準備投入社會性參與之前，先能感知自己是一個獨特而不同的存在，不需要硬性放棄和漠視自己，只為了融入群體；也不會因只想保有自我，而陷落於自我中心，與社會的關係產生斷裂、隔離。

從這個發展階段，我們不難看出，沒有人的自我發展能摒除社會環境的影響和介入。不僅我們個體的成長如此，照顧及養育我們的家長同樣也活在這樣的社會壓力中，在「符合社會期待」和「照著自己的意願做」兩邊之間拉扯和為難，從我們出生乃至走完一生，可能都未能真正地安靜停歇。

不足與缺失的後果

無法獨立、心理不健康，引發各種身心症

有一本兒童圖書《阿虎開竅了》正是描寫這樣的議題。故事開門見山地說阿虎什麼事都做不好，不會讀書、不會寫字、不會畫畫，還有吃相非常邋遢，而且沒開口說過一句話。

阿虎的爸爸一直覺得很納悶：為什麼孩子會是這個樣子？媽媽反倒認為這只不過是因為阿虎比較晚開竅。於是，爸爸一直盯著阿虎看，從早到晚一直盯著他，看他到底開竅沒？白天看，晚上看；晴天的時候看，下雪的時候看，甚至樹發芽了、春天來了，阿虎還是沒開竅。直到有一天，阿虎終於開竅了！

就像人生的過程，特別是出生的頭三年，有許多自立的任務需要去學習和練習，往往不是一下子就全會；畢竟生命不是一出生，就什麼都知道、什麼都懂，有時候有些事也很難統統在短時間內做到位。然而，成長的環境是否願意給生命一些彈性時間，等待那自然的開竅、學會到來？在這之前，不對孩子充滿懷疑和否定，也不對自己產生厭煩和批判，全仗幼兒和他所處的教養環境之間的交互作用。有些家庭或教養環境以嚴格和不容許犯錯的態度對待孩子，有些則是忽視和漫不經心。過猶不及，都會對這個階段的生命造成某些影響和損害。

個體無法分化時，容易陷入共依存的病態關係

自主發展階段若發生障礙，最明確的影響在於關係容易處於無法「分化」狀態。意思是說，孩子將感受不到自己身為一個「獨立」的人，有自己的存在樣貌，也有自己的需求，並且有自己的情感和意識能力；他必須隱藏自己或放棄自己的意願，只為了委身在關係中。這將導致未來容易受困於共依存的病態關係中，在發展獨立自我方面產生層層阻礙。

尤其是華人社會和家庭，很難了解「分化」的重要性，我們對關係的要求和追求是不分你我，你儂我儂。於是，我們無法做到個體「分化」，無法肯定生命是一個完整獨立的存在體，堅決要求緊密到分不清楚彼此。然而，就像人體也是由一個個健康完整的細胞所組成，若是有細胞失去細胞膜，以致沒有生長的界限，毫無限度地不斷滋長增生，就會吞噬其他健康的細胞，造成組織異變。什麼都融合在一起，就像是土地和海水不分開、白天和黑夜沒有差異，各段時間無法獨立，這世界的運行將失去秩序，無法各司其職，也沒有季節和氣候的交替。「分化」實質上就是建立秩序，能將獨立的個體系統運作好，以利投入群體時的運作。具體的作法，是透過「建立界限」的行動來進行，以保有個體的獨立運作和自我空間，不受侵入和支配。不論從個體到一個組織或一個國家，都需要有這樣的主權獨立權和各部分的運作空間。

自主性發展得好，個體的分化才能健康，能夠辨識出自己和他人的不同，又能和他人和平共處及合作。如此在不同的差異間，尊重和理解的重要態度才得以展現。

你不會認為你是桌子，因為桌子有自己的形態，以塑造出它的樣子和功能。你不會以為你是椅子，因為你能從椅子的樣態和功能清楚辨識出椅子。你更不會覺得椅子、桌子全部融在一起，甚至和其他物體融成一團，這就是「界限」的存在，能把一個個不同的個體確立出來。

人要是沒有自主的獨立性，在與人的關係之間就會上演「無法分清楚彼此」。母親在子宮孕育孩子，孩子成了母親身體的一部分，是從母親而出的生命。孩子誕生後，以自己的獨特性存在，有他自己的樣貌、性格、喜惡和特性，但對母親或嬰孩來說，那熟悉的身心同步感，那種生命共同體的共依存狀態，有著密不可分的緊密感和寄託感，還有滿滿關注的連結感，在在可能讓母親和孩子無法順利地體認到彼此是各自獨立的，雖然在親緣上有關係，但在各自生命的路途上，仍有各自的人生課題和所待發展的生長歷程。

若是在自主的發展任務上發生了損害，那母親和孩子在往後的生活裡，將很難完成「成為獨立的自我」，那條因為孕育過程而模糊化的自我界限將無法建立，接下來便會是相互依賴又相互支配的過程：表面上緊密相依，互相需要；實質上則和對方緊密依存，無法透過自立在人生安身立命，必須由另一方來彌補、供應，始終無法完成自體的統整。

啃老現象正是自主發展缺失的例證之一

明確來說，當孩子無法透過學習和自立的過程，學會和社會互動與相處的方式，並從中累積及訓練自己的工作能力，以致無法賺取養活自己的財貨時，那麼，他要活下去，就需要由他的父母（通常母親的比例更高）不停地提供金錢和物資，來因應這個孩子生存的需要。

我們活著、賺取養活自己的金錢和建構自己能承擔的生活品質，只是人生的課題之一。在發展為一個個體的過程裡，需要學習的不僅是情緒性反應對事物的感覺，還要能理性思考、辨識、分析及歸納各種事件發生的緣由，以及需要因應的策略和態度，這些都是屬於自立的發展過程。

如果是無法分化出個體性的親子或家庭關係，這些原本屬於個體在人生中必需逐步學習、訓練、自我加強的各項能力和處理技巧，就會受到過於緊密的關係拉扯、延宕，或是控制支配，而無法在人生階段及時歷練，那麼所缺失的能力和錯過機會發展的練習，就會弱化生命個體的自立能力，強化了必須依賴另一個人供應的處境。

這是十分矛盾和糾結的關係。緊密不離的關係，實質上是以共依存的方式作為一個整體（一加一等於一），在各自某些能力被抑制或被剝奪歷練的情況下，非要由對方供應及解決不可。越是有這樣依賴和無助的心情，就越鞏固共依存關係延續的必須。

也就是說，自立發展任務的缺失，將導致個體不認為自己有本事透過自我能力和與生俱來的成長性，為了鍛鍊自己的成長而為他人付出實質的努力。反而會對自己的存在感到不確信，進而產生膽怯和羞愧，覺得自己天生是一個無能之人，做不到自我獨立發展。尤其是當關係中的兩人都有些能力被弱化、被抑制——無論是理智功能還是情感功能；無論是工作能力還是家務整頓的能力，只要有一方不斷承擔，另一方則完全不用學習。久而久之，被抑制能力的人將更失去能力，有能力的人勢必承擔到耗竭、鞠躬盡瘁。

如此的糾纏和吞噬下，兩個缺失自主性和獨立性的人，怎麼可能擁有共好的生活呢？怎麼可能在關係中，經驗更好的自己呢？終將造成個體對自己的能力充滿懷疑、缺乏自信，同時因為自己沒辦法做到該有的自立表現而鬱鬱寡歡，感受到對自己的羞愧和罪惡感。

自　我　評　量　表

【自主發展】不足自評表：

自評這些現象是否發生，或內在是否發生這些感覺？陳述句越符合自己的主觀感覺，自主發展受損程度就越會影響自我與社會環境的互動關係。

□ 無法自發性地產生動力和動機，經常需要他人的意見和指揮。

□ 需要依賴別人的想法或推動，少了另一個人，生活幾乎就沒有動力。

□ 無法清楚知道自己的想法和感受是什麼都反應，感知自己總有一片空白的感覺。

□ 無法知道自己的喜好或是討厭的事物，別人給予意見就依從。

□ 當關係中有依賴或傾心的對象，就想和對方緊密接觸，時刻在一起，生活中沒有自己的目標和計畫。

為自己培養及完成課題

修復自主性，爲自己的人生負起責任

這世界的構成，是由許多不同的物體所組成，各有特色、各有位置，包括生物的多樣性。每種不同的生物皆有屬於自己的生命樣貌、型態和展現出的獨特個性。壓抑真實個性，或否認個體性的存在，假裝沒有邊界的融合，將會引發人際間巨大的衝突和吞噬。

我們年紀幼小時，就需要體認自己的存在，雖然還不是很清楚的知覺自己是什麼、環境在發生什麼事，但我們仍憑著生命本能在環境中嘗試做自己。當然這是非常幼稚化的自己，不了解社會是什麼而抱著天真的理想，想去經驗一個不受控的自己。然後，免不了因環境的各種規矩和規範，體驗到挫折及創傷。

誠實檢視自己的成長過程

在華人傳統社會文化特性下，個體性被剝奪和壓制的情況益發顯著：孩子沒有自主權，不能表達自我意願。尤其階級至上和權威社會，更容易傾向無視孩子的權利，將孩子視為沒有權利的個體，孩子所有的回應都必須是：「是」。

你可想過：在模糊個體界限、剝奪自主權的社會文化制約下，你將長期被剝奪什麼能力？又將以什麼樣的姿態活著？

在家庭、在職場、在任何的人際關係中，你是否根深柢固地漠視自己，自然而然地沉默和無聲，只因為面對父母長輩、主管領導層，於是很自動地就以他們的角度和位置回看自己，漠視你的存在、忽視聆聽及了解自己的真實想法和感受，認定只要是權威認為的該有表現，身為受控者的你，就必須完成目標、達成期待？

你可以試著誠實檢視自己的成長過程，是否在分不清楚彼此的個體性和主體性的共依存關係中，毫無意識地放棄自己，放棄你身為一個人的各種機能和功用？

「自主」生命發展的阻礙和剝奪，個體心理的不健康和產生諸多適應不良的身心症，皆是一種失去自主的代價。

正視「自主性」未能好好發展，未受尊重和肯定

或許我們的早年生命沒有被等待過，也沒有被好好地視為一個具有自主性的生命，總是感受到周圍急切的「快一點」，要我們盡快符合，導致我們不知道自己究竟最適合成長的速度是什麼，活在焦慮不安中。

在充滿制度、規畫、框架的社會環境裡，大環境一定對我們有影響，在大框架下，我們是否也能容許自己有摸索生命的時間？留給自己開竅的等待，相信自己成長蛻變的時間軸儘管和別人不太相同，但仍有屬於自己的綻放季節、自己的收成，也有自己的獨特舞步，足以完成屬於自己的人生舞曲。

過往在自主的發展階段，可能沒有適合我們個體發展的環境，也沒有足夠理解及接納「生命獨特性」的家長，面對的更可能是凡事嚴厲要求你必須做對、做到的父母，讓你為了符合他們的期許放棄自己、強迫自己扮演他們想要的乖小孩、完美小孩。

但如今你長大了，你清楚地知道自己從未體會過安心自主究竟是什麼感覺。你總是怯懦於別人的要求和評價，對於做自己想做的事能被認可和接受也不具信心。你習慣仰賴他人的指令和指揮，更依賴於他人給予指示和看法，要你清楚地知道自己的想法和意見幾乎不可能。畢竟你很快就會否決自己，不認為自己可以有屬於自己的主張和觀點。

我並不確定你是否感覺到，這樣活著，將會如何失去你的靈魂，似乎誰都可以被你內裝在裡頭，取代你、成為你的聲音和看法，並且指揮你的動作和反應。之所以說我不確定你是否感受到這樣的空虛，是因為就人受制約的角度來看，你可能會對這樣的依賴及隨和感到安全和熟悉，好像你本就該如此麻木地活著。

但若你已經可以感受到，這樣活著影響你在人際間經常感到茫然及空虛，而你也開始覺察自己的所思所想是一片空洞和無助，那麼或許你能試著去意識到你的「自主」未能好好發展，也未能好好地被尊重和肯定。

我遇過許多「自主」發展受到阻礙的個體，他們因為受到來自家庭和照顧環境的各種壓制和命令，而被剝奪了發展成為自己這個個體所需要的空間和機會。一發表意見，就被標籤為「難帶、難搞」；表現自己的意願，又被標籤為

「叛逆、不合群」；展現自己當下的情緒狀態，不論是快樂或是不喜歡，都被標籤為「作怪、胡鬧」。

那些從大人的立場所反映的評論和標籤，顯示的是他們對一個孩子言行舉止可接受的範圍，但都不能表示真實的你究竟在嘗試什麼，又在經驗什麼。發展自主性是刻不容緩的，因為它是讓你在往後的各階段發展中不致迷失自己的基礎，能讓你無論處在何種情境下，都能尊重你的自主意願，了解自己的想法和感受，為自己的選擇和決定負責。沒有自主能力的人，又如何能長成一個為自己生命負起責任的人呢？

在我看來，自主階段的發展非常重要。即使缺失了，往後的人生仍會不斷提示你這份發展的障礙，會讓你的自我虛弱無力，在面對接續的生命週期任務時，使你備感吃力，你知道的，前一個課題基礎不穩，總會讓後來的學習歷程很難真實地領略和透徹。

作業練習

當自己的內在父母，陪自己再次成長

練習當自主的人

自主，即是當自己的主人，發表自己的主張。幼年時期，我們並未真正了解這世界的運作，因此我們會產生許多的「為什麼」，想去了解和適應這個世界。而這個想要了解的意念——「為什麼」，代表著我面對世界，我能夠發想、疑惑和思考。

你可以試著去欣賞孩子的這份自主，他們問問題、探索世界，也練習和周圍的人對話。如果你是一個缺乏自主的人，你會不喜歡這樣的孩子，覺得他們意見多、為什麼不能聽話照做就好、為什麼要有自己奇特的想法和好奇心？甚至可能認為這麼小的孩子懂什麼，發表無知的言論只是會被笑丟臉。

不了解「自主」為何的人，看不懂自主的寶貴，也無法看見一個人如何展現自主之美。即使是一個孩子，他都有這樣的渴求，想要去經驗他的「我」能進行什麼樣的行動。

自主對於成長來說，是很重要的動能和能力。在成人的社會裡，有許多需要獨當一面的時候，例如在你的獨立工作範圍，你需要知道如何自持和自我管理，安定執行自己該進行的目標和方向，而不是心慌意亂地不知道自己該依從什麼目標和要求。缺失了自主，會讓你像無頭蒼蠅，掌握不了自己的行動和方向。

若你過去是個聽話的孩子，長大成了聽從的人；對你而言，你從來不需要絞盡腦汁也得想出自己的看法和觀點，總是習慣走最安全的路線，跟著別人走，順從別人的意見，那麼在練習成為一個自主的人時，就需要從頭陪伴內心那個從來不被傾聽，也不被允許開口說出想法的小孩（過往童年經歷的你）再一次成長，擁有屬於自己的權利：能感受、能思考、能說話表達，也能有自己的選擇及決定權。此外，在練習這些重新賦能的權利時，請告訴自己：「你可以的」「說出來，沒問題的」「就算是不成熟的想法或觀點也沒關係」「你可以肯定自己的感受和想法，認可自己的選擇」。

就像是在自己身邊陪伴和鼓勵自己，當自己的內在新父母，以開放和欣賞的眼光和態度，支持自己及鼓勵自己，讓自己的自主性和獨立性皆有機會得到滋養而茁壯。自主的形成，亦是個人心理的誕生，沒有自主能力的人，無法在後來的人生裡完成自己的個體性，因為他可能從未從母親的子宮裡分化出獨立的生命。

在健康的界限下，重新賦予自己權利

在生活中，別忽略了自己的自主權。

自主的練習，可以試著從小地方開始，而且不問別人意見。比方說，當世界上只剩下你一個人，你會做什麼選擇？會採取哪些行動？

在自主的發展階段發生障礙的人，可能看重關係多過於看重自己，因此時不時以他人為主，而不是以自己為主。

如果要練習做自己的主人，就要覺悟自己是最重要的意見領袖，所有的意見參考完了，最後還是要由自己下決定。這是屬於你個人的權利，只要你存在，就被賦予身為一個人具有的基本權利，不會被挾持、控制、支配和壓制。

當然，既然你有自己的基本權利，他人亦有，基本權利是生而為人皆被保障的。所以你能行使基本權利，他人亦可以行使基本權利，在尊重和理解之下，我們不剝奪也不侵犯。若遇到不一致而產生衝突時，我們知道需要開啟對話和溝通，以追求共識或平衡。這才會是健康的人我關係界限，屬於每個人健康的自我界限。

那麼，在你有感受時，告訴自己：「我有感受的權利。」

在你思考時，告訴自己：「我有思考的權利，可以自由思考。」

在你進行選擇時，告訴自己：「我有做選擇的權利，依照我真實的考量。」

在你行動時，告訴自己：「我可以自己決定要怎麼做，這是我要練習承擔的。」

| Mission 3 |

生命第三任務

你的行動決定你是誰
——主動或內疚

迎向世界證明我的存在

生命的第四到六年之間，透過前三年身心密集且勤奮地成長運作，發展、累積了不少知識及經驗資料庫，準備進展更多的語言、動作、藝術和互動等各項才能。這個時期的孩子被許多父母或師長稱為「小惡魔」，主要是不再如三歲前那麼好控制，也不再是說什麼都回應：「好。」總有自己的意見和主張。在看似叛逆、不合作的階段，卻可說是「自我」第一次的革命，在與環境的對立和衝撞中，務求讓環境不忽視他的存在、不抹滅他的主張。

這原本是自主階段的任務，而今到了建構自我長成初步輪廓的階段，接下來個體會想從各種積極的嘗試和接觸中，更加發現自己能如何在這世界上存在。他什麼都想試試看，什麼都想自己來；他嘗試握筷子吃飯、嘗試去摸摸狗看看小鳥、嘗試去牽一下其他小朋友的手、嘗試和搭同一部電梯的陌生人打招呼、嘗試自己騎小車、嘗試自己填空著色或創作塗鴉、嘗試扭動身體學電視裡跳舞的人……

他會做的事更多了，會說出複雜的語意結構，而且總是讓身邊的大人感到驚奇。這時期的小孩很喜愛看到他人對他的佩服眼神、因他而起的掌聲和驚喜的讚美聲，每個反應都讓他感受到自己的存在；他們很能接納受別人歡迎而喜愛的時刻，而這些都激發他想要做到更多、想要表現得更好。

這種「主動性」是一種爆發能量，蓄勢待發準備迎向屬於他的世界。他們每一天都可能有新發現、新嘗試和學習。他們在經驗人生的第一次「有能感」，無所不能的超人和各種力量強大的機器人使他們著迷，讓他們初次體驗到掌握世界的控制感，彷彿這世界能讓他們隨心所欲。

然而，現實並非如此。相較於頭三年生命週期中，環境給予的自主訓練和反覆練習，這個階段參與的社會環境有更多的規矩和制度，不論是家庭的，還是幼稚園的，或是遊樂場、圖書館、公共場合、公園、博物館、餐廳……所到之處，無不有各種有形無形的規矩，管教著孩子收斂情緒、意見和行動。

為了學習社會化，家庭有責任和壓力去協助孩子觀察及學習和他人共處的方式。這世界並不是只以孩子為中心，而且社會自有它運作的形式和軌道，並不會繞著孩子的期待和需求打轉。儘管大人們熟悉這個現實社會，對這年齡的孩子來說，卻是他們不懂也無法真正體悟的外在世界。

父母及教養者要不厭其煩一次再一次地複誦規矩，對可能引發的不適當行為警告再警告。父母或師長若沒有足夠的心力、知識和能量，可能就要面臨情緒崩潰，也會對孩子造成不少的壓力，令他們感到焦慮和痛苦。

對孩子來說，他還無法真正地通透和了解何謂現實社會，也無從知道父母及照顧者要承擔什麼樣的社會眼光和評價，不明就裡下，他們的行為和情緒受阻、意圖和行動被禁止，並且從大人的眼神和口氣中，看見自己憤怒的父母，以及周圍具攻擊性的人，使他們啟動了內心的恐懼機制，在驚嚇中感覺到自己是如何受到鄙視和厭惡，也可能遭受警告不配當這個家的孩子，或沒資格成為一個學習團體的成員。

人生確實很難預料：在成長的歷程，我們究竟會遭遇什麼、會經歷什麼？對於四至六歲這個學習自動自發的重要階段，或許環境無法提供足夠的協助和引導，也經驗不到夠有品質的愛及包容，因此而造成的負面後果，都可能成為一種「滔天大罪」，遭到父母或其他大人的責備和攻擊性處罰。

如此，不僅無法習得一種安穩從容的自律自控，反而因為害怕被處罰和責備，而不停地激發害怕有不好後果的焦慮制約。焦慮，作為一種想要控制好一切、不要發生不好後果的行為和情緒反應，不僅破壞了安全感和基本信任感，也會損害孩子的自信心和自尊。

當自尊和自我概念開始往負面歷程走，再加上日漸形塑，那麼孩子在自控和自動自發的任務上，就會遭到破壞，形成障礙。

養成「主動積極」或「懷憂喪志」的心理社會發展期

美國心理學家塞利格曼（Martin E.P. Seligman）透過動物實驗，將狗關在籠子裡，只要蜂鳴器響起，就對狗施以電擊。關在籠子裡的狗無法迴避電擊，只能一次一次承受，並感受無法逃走的無助。歷經多次電擊後，他在下一次給予電擊前，先把籠子門打開，但即使施以電擊，狗兒也不逃出籠子，甚至在蜂鳴器響起、還未遭受電擊前，就先倒地開始呻吟和顫抖。這項實驗讓塞利格曼發現「習得無助」（Learned Helplessness），讓原本可以主動逃避的本能，最後卻只能無助地等著痛苦來臨。

這種現象同樣會發生在人類身上。當一個人覺知自己的行為不可能達到想要的目標或結果，幾乎沒可能成功時，心理便會產生一種無能為力或自暴自棄的狀態，其表徵包括認知思考能力缺失、改變動機下降、不適應情緒非常不穩定。

若說這種「習得無助」有一段舉足輕重的影響期，那便是四至六歲這一段影響你成為「主動積極」或「懷憂喪志」的心理社會發展。你所在的社會環境，包括人際互動的經驗，是積極地鼓勵你嘗試，還是抵銷你的行動，寧可你什麼都別嘗試？

我曾經聽聞一位五十多歲的女性回顧她的童年經驗，她說她上有一個哥哥，下有一個弟弟，不知道是否真的是家裡重男輕女，從小她就備受限制，而且不是被保護的那種限制，而是以一種好像她天生就是笨、就是差勁，只要是她開口說的，都會被父母親不分青紅皂白地責罵。她說了一個例子，是幼稚園大班時的事，某天她發現家裡後陽臺有水流進家裡，好像是樓上在做什麼工程，導致水流到樓下她家來。她不知道原因，便馬上去跟爸媽說。但跟爸爸說，爸爸沒理她；跟媽媽說，媽媽罵了她一句「不要亂說話」。她又和媽媽強調一次，看見水滴進家裡，要不要去樓上看看？媽媽就沒好氣地罵她：「根本就沒什麼事，就愛小題大作。」

這不是唯一一次被置之不理的深刻記憶，在她的早年回憶裡，有很多事情是哥哥弟弟說了都沒事，但只要是她說的，肯定被責備，不然就是被冷淡以對。雖不能說她成人後的人際關係採取退縮和被動，都是幼時這些經驗造成的，但她心中認為，父母親對待她的態度，確實讓她沒有自信、時常懷疑自己，導致在人際關係中常處於被動和退縮，只與親近的一、兩個人保持互動。

一個人若對自己的存在感到多餘或是沒有價值，就會自然而然地從群體生活中退出，覺得自己不屬於所在的環境，也對自己的存在感到羞愧或內疚。

主要課題與任務

積極參與社會環境、學習嘗試新經驗

在這段學齡前重要的準備階段，許多家長早已安排不少的訓練課程、才藝活動，多數孩子都已早早進入學校、安親班、共學團，適應團體生活，僅有少部分家長仍希望孩子能保有較輕鬆的童年，而選擇在家親自照顧。

不能否認的，在這短短的兩三年裡，家長都難以擺脫「怕孩子輸在起跑點」的焦慮和恐懼，時時懷疑自己會不會逼得太緊，卻又擔心是不是少安排了什麼讓孩子多加提升能力的課程？

在這段必須做進入基礎國民教育小學的準備階段，有社會資本和經濟資本的家庭，每週不知給孩子安排了多少課程、活動、體驗，無形中給了孩子關於秩序和結構的經驗值：什麼時間要做什麼活動、每一種活動的時間會進行多久。這種具有結構或半結構式的生活型態，讓孩子保持規律的生活，幾點做什麼事、幾點會結束，幾點又要進行什麼，可說是一種時間界限的練習，也是一種在時間內要把進行的任務完成的訓練。而且孩子也會學到放鬆和玩樂的報償是需要等待的，他得先把任務完成才行。

然而，這個階段的「衝動」是很矛盾的動能。有衝動性的孩子可能會較主動去做些什麼；至於那些較為被動的孩子，身上往往就少了許多衝動的能量。衝動，可能會讓我們跑第一去做些什麼，而少注意到後果，也會讓我們想做就做，減少許多遲疑的時間。

但衝動的代價可不少，尤其是對幼童來說，在一間商店裡對商品東摸摸、西摸摸，很可能導致父母要為孩子損害的商品賠錢；在餐廳東奔西跑的話，則可能撞倒人而讓熱騰騰的熱食湯品灑到自己身上；在馬路上不受控制地奔跑，則可能被突如其來的車輛撞上。

為了防範可能發生的危險，衝動是必須被控管的。但對孩子來說，他還無法了解什麼是自控，所以一定是先從被管控的經驗開始去受約束、受控制。但當約束或管控是以高壓和極權的方式進行，甚至加上情緒恐嚇和心理威脅時，這樣的過度管控及不適當管教，極可能造成孩子自尊損傷，因而產生退縮和消極性，甚至形成習得無助的制約，以致放棄自己的主動性，拒絕嘗試，改採聽從和依附，聽命行事，以避免挨罵或犯錯。

生命週期的發展任務過猶不及，都會造成反效果，究竟要如何拿捏，向來沒有既定的辦法去確定該如何進行。因為人是多變及多樣性的，不只是幼童，照顧者本身就是最常見的情緒不穩定來源及性格多變者。如果，照顧者或家長能穩定照顧，情緒和生活形態都屬穩定而安全的，並以積極正向的態度看待孩子的成長，相信孩子在生活中的體驗都是一種學習和練習，鼓勵孩子多看見和肯定自己的能力，也相信自己可以嘗試，那麼孩子主動積極參與社會環境、學習嘗試新經驗，會成為他未來學習過程中很重要的特質和韌性。

整體而言，孩子在未正式接受國民教育之前，就各方面的「學習」體驗來說，究竟是帶來正向積極情緒經驗，還是帶來負向挫敗情緒經驗，不僅逐步影響孩子的自我概念，也將開始形成一些早年設定：「我是什麼」「我行不行」「我有能力還是沒能力」。在這個階段，若能朝向正面發展，奠定孩子的自信心、自律（主動加上自控力）的意志和獲得進取心（成功）的動機，對他的下一個階段，甚至是未來的成人階段，都是極具價值的特質和態度。

不足與缺失的後果

缺乏主動探索的心，易處於等待的位置

缺少了正向培養的「主動性」經驗，若再缺乏有利條件和資源促進時，就容易對自己的行動感到自卑和內疚，而導致卻步和停滯。

有一位男性，他在成年之前的成長經驗大多是被母親安排，因為父親長年在海外工作，家裡僅有他和母親同住。母親很保護他，許多事務都由母親為他準備，幾乎以他的作息為自己的作息，全然以兒子為自己的生活中心。

因為和母親很親近，他也十分習慣什麼都要詢問母親的意思，如果不聽母親的話，讓母親不開心或是臉色難看，他會莫名覺得內疚，也覺得自己不是個好孩子；如此一來，更強化一切都要聽母親的意思、照著母親的指令做才能安心的感受。

無形中，母親成為他的準則，也成為他作息的計時器、節拍器、約束器，只要有母親在身旁，他就會感到無比安心，不用擔心自己行為出亂子。但這樣的情況到了他離鄉念大學時有了變化。他十分不適應住校的生活，不僅作息混亂，也經常發生該做的事沒做，例如和同學約好的小組討論時間沒出現，或是該繳的作業報告沒完成。

他曾向學校的輔導中心尋求協助，但作息混亂的他也經常約好時間卻沒赴約。但是在幾次零散的諮商過程中，他了解到自己似乎在對抗一種無法言說的焦慮感，但又不太能敘述得清楚，畢竟在他過往的生命經驗裡，只要照著指令做，並不需要想清楚、說明白自己內在的體會。好不容易試了又試、感受又感受，才在不是很確定的情況下，組織出自己內心的感覺，像是一種害怕自己做不到、做不好的感覺。如果要勉強去做，從事情的零點開始摸索，他的內心很快就會覺得疲累，彷彿一點力氣都沒有，自然也很難完成。

期間曾有情況好轉的時候，那是因為他交了一位女友。女友是主動積極的人，他們交往的模式很快就複製了他和母親的關係模式，由女友出主意、做安排和計畫。女友有了想法和指令，他就照做，連出門吃什麼餐點、安排什麼景點，都交由女友決定和全權處理。他心中覺得鬆了一大口氣，感覺生活又有了一些活力，多了一些安定。

然而好景不常，交往一、兩年的女友突然提分手，並長篇抱怨他在關係裡的消極和被動，以充滿委屈的口氣說自己在關係裡總是付出的那一方，得不到對等的回應，體驗不到一絲絲關懷和支持；畢竟她也是一個需要被疼愛、被呵護，能感受到有人可以依靠的女生。

即使他感到一頭霧水，很疑惑女友為什麼會突然間情緒爆發，但他也無法主動去討論和溝通。心中默默猜想，既然對方都決定好了，就算了吧！對方似乎也沒打算給這段關係機會，去挽回或去拉扯都只是自討沒趣。

就這樣，他再度進入一種無力的、消極的狀態，覺得生活沒有什麼目標和動力，也沒有自己的渴望和想達成的事情。他內心沒有自己的方向盤、沒有自己的引擎，也失去自己的動能，當然也沒有自己的航道和航向，像是在等待何時又有一個強大的推力，可以再把他往前推動一下。

缺失主動能力的人，容易處於等待的位置。等待別人給予指引、等待別人給出答案、等待別人給出辦法，從小問題到人生大事件的規畫和安排，一直處於等待中。這類人真正的問題，在於缺乏「主動探索」的心態和動機，以為活在被保護的狀態中就能萬無一失。他們很少想主動探知自己的心，對這世間事物的存在不抱有任何一點好奇心，從來不主動去探問：「這是什麼？」「為什麼是這樣？」「是什麼造成這樣的？」久而久之，就更依賴外界給出指令和辦法去面對生活的問題。

具有主動力的人，能自己發現問題，也能試著搜尋資料來分析和理解問題。能主動探知的人，其社會成就或表現都有自己的驅動力（動機），而不是等著誰發號施令或遵從他人的意見，只為了走往別人已經走過的安全之路。

失去主動力的人，也容易失去冒險的勇氣，時常想在別人的經驗和足跡中，找到不會發生虧損及不利的保證，卻因此更常陷於失去自我、迷失自我的困境。

自　我　評　量　表

【主動性】不足自評表：

自評這些現象是否發生，或內在是否出現這些感覺？陳述句越符合自己的主觀感覺，主動性受損程度就越會影響自我與社會環境的互動關係。

- □ 時常無法清楚知道自己想要什麼、想要怎麼做。
- □ 大多數情況需要別人的意見和指導，而非自己主動去探索問題的解決方法。
- □ 生活中常是跟著別人的行動走，因為看見別人這麼做，自己才這麼做。
- □ 無法很清楚自己的選擇，因此行動上也顯得遲疑和無法果斷。
- □ 當事情遇到困難時，通常不是主動提出意見或方法的那個人。

為自己培養及完成課題

靠自己解決、從小行動培養主動力

「主動力」要怎麼培養和重建呢？當我們錯過發展的最佳黃金期，還有機會可以學習及建立嗎？

單單從回覆這個問題，就可以瞧見一個人的主動力是否有強度。沒有主動力的人很快就會聯想過程的艱辛和各種不舒適（長久制約下，只要從零開始，立刻就會覺得累的反應），而在內心設下重重關卡，一個關卡比一個關卡還要難。現實中，這種透過想像的困難不一定會發生，卻可以抵制及消除無主動力者的動力和渴望。

若是從成長環境所形成的生存模式來看，過往的經驗將告訴他：「少做少錯，不做就不會犯錯。」而不犯錯或是所謂的不會失敗，是這個人生存模式裡的重大事情，可以減少生活不安感和焦慮感，不會重演幼年時不斷被指責和批評的夢魘。

這同時意味著，失去主動力的人，其童年乃至成長經驗，大多活在受批評和指責的負向環境，鼓勵和正向激發都是不足的。他們非常熟悉犯錯的羞恥感和失敗感，卻十分陌生於獲得肯定和被鼓勵、認可是什麼樣的感受，因而更強化內心深信不疑自己是差勁的和能力不足的自我概念。

主動力，也是「內在引擎」，內在有動力的人，對於想獲得的成功或想實現的目標，都會透過自我堅持和情感投入，作為自己重要的動力來源，而不是全靠外界的提供及保證。這樣的人，覺得自己有能力影響和改變環境，也能改變自己想要實現的目標。透過自我的信念不斷重複行動，獲取及增強技能，克服及解決情境的困難。此內在動機轉化成有力量的「自我感」，即會成為一股「效能感受」。就算遇到他們覺得威脅和恐懼的情境，也會傾向果斷地做出決策及行動，而不會裹足不前和猶豫不定。

由此我們可以得知，自我效能感充足的人，能透過對自己的探索及覺察，清楚自己的目標，並產生內在動力，知道「這是自己要的」「是自己喜歡或渴望的」，而生出一種旺盛的達成動機。

從不再落入等待和依賴開始，培養自我效能

自我效能也是我們累積自信的根源，是一個人成功執行某種行為的信念，能作為影響自己行為和動機的心理資本。

一個人可能因為內在缺乏自我效能，因此更想依賴外界的推動或提供。總之，自我效能需要環境給予足夠的空間和容許度，來讓個體嘗試自我想做的事、想完成的行為或目標，若環境時常給予指示，讓個體慣性依賴，將失去培養主動力的機會；先天不足、後天缺乏，就會讓一個人在社會環境中裹足不前，無法積極地發展自我。

因此，在培養的時候，要從鬆動制約開始，不再落入習慣性等待和依賴。特別是從小就非常習慣接受指令和接受安排的人，在主動的任務上幾乎缺少經驗值，所以需要給予自己時間和空間去運作。

首先，需要有意識地降低「問」別人的習慣。在還未詢問之前，先試著想想自己對於這個問題或現象會如何理解、如何分析及評估。有了自己初步的想法和觀點之後，若還有需要了解的地方，可以試著去搜尋資料，盡量減少直接「問」的反應。

為什麼要這麼做呢？比方說找一個地點，有人會說：「路長在嘴上，問就對了。」確實，直接問很快也很便利，但這樣可能就無法學會看地圖及辨識方向和地點位置，容易依賴他人；若是到了一個無人可問的地方，原本依賴的便利習慣，就會成為他的困境。

當然，並非全面禁止詢問，而是要去感知自己的主體感存在，若時常把自己當空心的容器，總是裝進別人的觀點和答案，就會壓縮空間、不易形成自己的答案。所以要把「詢問」當參考，而不要當成唯一的答案或指標，而且在各種詢問下，還是要練習獨立思考、進行自我判斷，然後主動去選擇、承擔及行動。

再來，要練習從內在醞釀和烘焙出自己的動力，從小火點燃到漸漸能成為旺盛的能量。這個過程裡，每個人需要的燃料是什麼都不太一樣，但多少都和「回饋」的價值有多少有關。舉例來說，有些人喜歡運動，會主動保持運動習慣；有些人則不，不僅不喜愛運動，連有人激勵或鼓吹也不動心。為什麼會如此呢？

哈佛大學心理學教授大衛・麥克利蘭（David McClelland），提出一項非常重要的觀察：要能推動人類持續進步，須滿足其渴望，也就是成就、歸屬和權力這三項需求。

有成就需求的人，喜歡解決問題，或是透過接手困難的任務來挑戰自己。具有高歸屬需求的員工則想被他人接受，渴望在工作場域中與他人有互動和合作關係。而有權力需求的人，希望擁有對環境的控制和影響力，渴望成為群體中有影響力的人。

因此，一項平常的行動，若是個體能主動維持並且積極完成，那在這個行動或執行的過程中，多少有他賦予的激勵要素在，且激勵要素的回饋性越高，他執行的動機也越強。

對於想要激發主動力的人來說，需要感知在主動嘗試的過程中得到實質的回饋性，時常發現「主動」的好處，並從中感受到一種能力感。

作業練習

面對和解決問題、為自己而做

在生活中練習作答，開展自我行動的經驗值

主動力，就如你在考場拿到考卷，你需要正面回應試題，在沒有任何人指導和提供答案下，由自己自發性地理解問題、思考策略及寫出解答，完成所有考題。

這個時候，你若執著於標準答案，或是偏執於想要寫出完美解答，那你將失去許多可發揮的時間，同時會因為壓力過大而感覺思緒混亂、身心不適，最後錯過表現自己能力的機會。

但若是你的目標在於：「我要完成這一場考試，我要測試自己面對壓力及因應考題的同時，能發揮多少實力。」想透過一場考試來檢

視自己的能力和學習成效，這股動力就會成為你的自我引擎，往內在目標和想獲得的需求接近。

主動力便是如此，來自內在有自己的意圖、目標及自發性行動力，因為清楚自己要做什麼、要往哪裡去及要獲取什麼，想為自己完成。

就拿學習成效來說，聽別人講解、被動接收他人的傳達內容，學習成效往往是最慢的，甚至可能沒有成效可言。而那些主動去了解、學習，並且有心理動機想說給別人聽、讓別人了解一個理論或內容的人，學習成效往往是最好的。他必須先讓自己懂、理解、融會貫通，才有可能說給別人聽、讓別人懂。無形中，這個人會從被動的狀態和位置，成為主動而積極的狀態。

因此，若你想要擴展、發展自己的主動力，要練習的是以自己為直接面對問題者，並且由自己給出答案、決策或是分析，而不是想著去找誰提供答案和指導。

在行動中建立自律，定錨「為自己而做」

主動力，是自我效能的基礎。

自我效能要穩定運作、具有穩定而規律的性能，就需要保持主動力功能。也就是說，主動力可以穩定自我效能，時時提供自我效能以獲得能力感的增加或補充。

「我有能力做到我想做的。」要運作這樣的信念，不需要給自己太大的目標或過高的期待，而要採取務實的態度，以每天可運作的低門檻開始累積效能感。例如，你若興起了「今晚我要早點睡，讓我自己早睡能改善精神」，那麼這個自發性產生的動機，會推動你的行動力，但你仍需為自己真正去執行這個動機，讓行動力貫徹，以落實你的動機。等你做到了早睡、恢復精神，你的自我效能便會累積，等同你對自己的自信（我辦得到）也累積了經驗值。

如此，你可以增加練習激發「為自己而做」的動機，並且想方設法地讓自己可以執行完成。當然，你要執行的目標或計畫越是不費力，就越能達成，越可以增加成功回饋。反之，若你總是訂定過高的標準，對自己設定不務實的期待，那麼你即使產生了主動力，但這主動力也會摔落粉碎，折損你未來的主動意願，讓你挫敗、不再對自己抱有自信。

請審慎務實地擬定你想為自己而做的小計畫或小目標，從每一天的日常生活開始，累積自我效能感，再進一步地嘗試往個人的生涯及想挑戰的人生目標發展。

請參考下頁範例：

為　自　己　而　做

從目前的生活中，試著想想什麼是你想進行的小調整或小改變，先擬定三項，並以肯定句寫下你的動機意圖：

【範例】我會做飲食控制，達到營養均衡

1.

2.

3.

寫下之後，設定你要執行的週數（以一個月到三個月為實作期，才能評估及覺知效果），在每一天的進行中，多想想能幫助你達成目標或意圖的方法，不論是自我鼓勵、自我支持及回饋，內在定錨在「這是我想要做到的」，自己督促或領導自己朝向欲完成的方向。並且執行中，要保持覺察及修正，記得不陷入自我批判，若是有執行偏差，知覺之後，就再一次對自己確認想要執行的動機意圖，讓自己有動力持續進行。

可製成三十日執行格，分成執行度：執行完成（80％以上）、執行達50％、執行力低（10～20％），並以不同顏色標示執行度，把格子塗滿，作為客觀評估及檢視自己的執行狀態，在下一個月進行調整和自我管控的參考：

1	2	3	4	5	6	7	8	9	10
11	12	13	14	15	16	17	18	19	20
21	22	23	24	25	26	27	28	29	30

| Mission 4 |

生命第四任務

關於成功或失敗的學習經驗
——勤奮或自卑

生存是爲了成就？還是害怕被淘汰？

進入學齡期（六歲之後）的孩子面臨的是要面對比家庭再大一點的小社會——學校，就讀小學可以說是學習「社會化」歷程的正式階段。這時期重要的生命週期心理社會發展任務是：究竟會是勤奮的個體，或是處於自卑的陰霾中，難以開展生命的潛力。

進入小學，也等於進入了「社會比較」，雖說六歲前在家庭或幼兒園也會發生比較，但並未白熱化，算是一種隱藏性的私下比較或曖昧式比較。但升級到小學就不同了，開始有考試、有成績，有德智體群美各個科別的素養教育，每一項都要求及期待孩子能充分吸取知識和技能。而為了讓孩子了解自己的程度，就必要進行對照，知道班級的其他人程度，也回看自己的能力表現程度。

這類比較，即便現今學校都已盡量減少像過去那樣直接公開全班或全校排名，但在家長之間仍經常發生彼此探問，或是問孩子同班同學的成績如何？表現如何？似乎，沒有透過比對一下某某某，就不知道孩子學習程度到底如何？是勝過多數人？還是落後多數人？因此，要完全免除社會比較的影響是不太可能的，即使是個體在探索自己是誰、想成為什麼樣的人，都不免將他人視為比較的對象，來辨識自己的差異度及相近度。

初始社會經驗將影響青春期、成年期的社會關係

生命的第六到第十二年，也就是小學時期，是對心理社會發展第四任務具影響力的階段。六歲前，個體的心理社會發展著重在自我的情感經驗，不論是和主要照顧者及家人之間的情感經驗累積，或是形成對自己這個存在體的情感體認基礎（是接受自己，還是排斥自己）。到第六年之後，我們將累積的是社會經驗，而且這個初始的社會經驗影響甚遠，甚至能影響到青春期、成年期之後的社會關係，包括：如何與社會互動、相處？如何在社會群體間找到自己的位置和生存姿態，究竟是會退縮、自嘆不如，還是挺身而出，積極投入社群？這些型態養成都將根據個體和群體之間的互動經驗成型。

不能否認的，小學生活最大的比例，在於課業學習，然而並非所有的家庭及他們的孩子都會在同一個起跑點上：儘管看起來年紀歲數相同，但原先的家庭教育和學齡前的學習經驗，都影響一個孩子會以什麼樣的狀態參與學校制度的課程安排和教學環境。

有利的條件和不利的條件勢必都存在，一個知識小博士，不見得懂得與人建立關係和相處；一個容易和群體打成一片、具有領導特質的孩子，不一定能專注地研讀功課。每一個人的特質和人格傾向自然而然地會讓他在群體生活中找到自己擅長及可以發揮之處，同時也會自然迴避他不擅長，且易感受到自己不足、脆弱之處。

臺灣教育心理學巨擘張春興教授曾說過：「教育可以是學童成長的助力，也可能成為其發展的阻力。」回顧許多人的學校經驗，在學業成績體驗到成功經驗者，畢竟是整體社會的少數，大多數人在求學階段都或多或少面臨過挫敗和無力。在各年級的學習經驗裡，如果無一例外地一再歷經挫敗，感受到沮喪和打擊，並且無從獲得正向協助以體驗到不同經驗的話，性格養成就會受到一連串的學習挫敗和感受與教育環境的格格不入而影響自信心，甚至走向自貶、自卑、自嘲的自我否定方向。

有些人在一開始的小學階段即深受打擊：答錯幾題打幾下、遭受過不當恐嚇和懲罰，以及被公開數落或嘲諷學習表現，又或者父母家長不分原委的訓斥和責備，這些都會影響孩子對自己能力的感知和自評，也形塑他對自我能力和價值感的質疑。而最大的影響莫過於對「學習」這件事形成的觀感，只要碰觸到「學習」一事，立刻引發痛苦和焦慮，這種可說是「學習創傷」或「教室情境創傷」的觀感，對很多人來說，即使成年後也持續受到影響。

「學習是痛苦及無意義的事」將影響中年期的發展任務

在我進行夢諮商工作的經驗裡，許多當事人在現實生活中面對全新學習的焦慮和自覺沒能力時，有非常大的比例會夢到教室環境，可能是小學教室，也可能是中學教室，雖然情節架構和內容發展有所差異，但相似之處在於：在夢中的教室情境裡感到非常不安和焦慮，擔心表現不好，或直接出現被老師責備或同學取笑的畫面情節。另一種很常出現的「自我懷疑」夢境，便是面對考試，夢裡的情境大多會呈現寫不出答案，或者雖然會寫，卻因為一些原因無法順利作答，無法展現實力。

當然，對於成人來說，早已遠離學齡階段，很多人幾乎不再踏入校園，但是只要現實生活中面臨新任務、新挑戰，或是必須重新學習新事物，許多人在夢裡的潛意識就會直接進入早期生命經驗中最令人恐懼和不安的場景。

如果，我們做個普查，在學齡六到十二歲，或是到十八歲的學習階段，大家回顧的經驗究竟是偏正向情緒還是偏負向情緒，我想有正向情緒感受的人恐怕不多。如果說到「學習的成就感」這種體驗，有人的確感受到自己在學校獲得了好成績，但不表示他是樂於學習的。國際數學與科學教育成就趨勢調查（簡稱TIMSS）二〇一九年報告顯示，臺灣八年級學生的數學和科學都名列全球第二，四年級的數學和科學，則分別排行第四和第五，這份報告同時表示臺灣學生能力好卻不想讀書，也就是說，孩子們對於讀書是負向感受。每一個孩子都會成為未來的大人，而這個結果也如實反應在大人後來的學習表現上，不少人一離開校園，就把學習拋在腦後，對於各種專業、才藝學習或是閱讀常會表現出反彈和厭惡。

「學習或讀書是痛苦的事及無意義的事」將會影響一個人在人生發展過程中，能否成為成長性的個體，或是成了一個停滯和退化的人，而這也將直接影響中年時期的發展任務。

當然，我們要樂於學習，需要經歷過學習帶給我們生命成長的美好，也能透過知識的累積體會到確實能解決人生的疑難雜症，更能發展一份樂於發問和樂於尋找答案的主動態度，如此才能不陷於學習只是為了怕被淘汰，恐懼自己不夠資格及條件進入社會，更形成對學習的負向感受。畢竟負面認知會讓我們即使在做一件事，都會抱著痛苦、憤怒和被強迫的不甘願進行，而失去學習過程中能獲得的價值和意義。

主要課題與任務

累積經驗，透過努力和投入獲得成就感

此階段的生命週期發展任務若能斬獲正面的發展成果，就能從中獲得學習能力及成就感經驗。

基本上，不需要十項全能或是各方面完美，那是不可能的，就人性的發展

和人格的形成而言，我們都必然有優勢的方面，也會有劣勢的所在。人的時間和能量皆有限，差異在於人有多少有利條件可善用時間和能量，而沒有在有限的生命時間中浪費或消耗。

你花時間和能量投注在某個領域或某處，勢必會顧不到另一個領域或方面。對多數人來說，在發展勤奮（強項）或自卑（劣項）的領域、方面，大多是被安排的，是父母親認為有重要價值而替你安排和選擇的，你只需要照做，盡力把那些安排做到、做好就行了。如果你相信那是為你好而聽話、順應，或許那些你花時間和能量的勤奮學習，會成為你日後的強項。

在我們的社會中，可能只有少數人，是父母親人及師長真正看見及發掘到孩子的天賦及長才，而傾全力和一切資源培養他成為天賦領域中的佼佼者。當然，也有一些孩子的父母或師長根本毫不在乎和關心他們有什麼天賦或才能，可以被栽培成什麼樣的人、能在未來社會一展長才，只是讓孩子順應歲月推移，對於自己生為一個人，究竟擅長什麼、有熱情鑽研什麼、想去實現什麼理想都一無所知，只是隨著時間日復一日地進行，接受被安排的國民教育，而這還可能是他所能獲得的基本教育。

不能否認的，教育本身和其他社會制度一樣，也存在著「不平等」。一個家庭的社會資本和經濟資本，決定他能給孩子什麼樣的資源和條件去獲取不同的學習機會；當然，父母或家長的性格及教養價值觀，也影響著他們會如何看待教育這件事，以及會為孩子輸入哪些教育安排和理念。

不論家庭環境和教育資本如何，在這個階段，只要有那麼一個機會培養了勤奮自律的特質，對孩子來說將「一生受用無窮」；即使該在學校的學習階段他可能失去受教的機會，或不被看見和肯定他所具備的能力和長處，但只要具備勤奮的特質，那麼在個體成年之後，即使踏入社會，仍能為自己想要學習及精進之處付出行動去學習。

學習環境讓人有安全感，學習意願和效果自然好

以目前社會情勢來看，許多學習問題的發生乃在於「專注力」的問題，專注力不足、跳躍性思緒、無法深入性聚焦學習歷程，都會影響思考的能力，也會影響學習效果。關於「專注力」的培養，同樣需要家長以及環境給予一些訓練。注意力不集中的情況，在目前的校園來說十分普遍，每個班級教師都會面臨到班上有專注力不足孩子的狀況。

這個問題非常複雜。目前醫學相關證據顯示，孩子注意力不足過動的問題可能和大腦細微功能有關，注意力不足是細微功能欠佳的結果，尤其在大腦前額葉部分，這裡是屬於衝動抑制區。可能來自先天基因或後天塑造因素，使得抑制衝動的功能受損，無法有效抑制衝動的引發。但要確認是否為注意力不足過動症，不能自行猜測或判斷，需由醫師經過病要、臨床表徵及行為表現來確定診斷。

不能否認的是，專注力不足、障礙會影響一個人的學習效果。許多學習都需要耐著性子，特別是一些無法立即看到成果的科目及學習目標。無法耐著性子的人，很難平心靜氣，不僅時常被周圍訊息打斷、轉移注意力，更可能因為沒有辦法立竿見影，而心生厭煩，中途放棄。

所以在這個階段，最好能陪著孩子找到一、兩件（至少一件）他較能專注緩和下來進行的學習，經驗較長時間的專注，並藉由獎勵的方式來增強專注的進行，而且時間不宜過長，而要循序漸進地拉長專注時間。從五分鐘、十分鐘、十五分鐘的練習，到二十分鐘已是多數孩子的極限，所以每做五到十分鐘需要適度的休息和放鬆。

學齡階段孩子的身旁有陪伴者，較能增進專注練習的效果，因為學齡期孩子身心發展過程，尚無法自行達到自我控制，身旁有人陪伴和引導，並透過一些遊戲方式進行專注力練習（例如吹蠟燭的氣息訓練遊戲，以平穩緩慢的呼吸吹動已點燃的蠟燭，但是呼氣時不能讓蠟燭熄滅），當成一種挑戰的競賽遊戲，可讓孩子體會平穩和專注是什麼感覺。

許多家長會讓孩子自行看電腦和手機等3C產品作為學習，而且很方便就能上網找到各種教學影片。但有些研究指出，讓孩子自己看網路影片或電視節目，並不能增加學習效果。若有家長在旁「陪伴」，一起討論和互動，不只能增進學習效果，還能加深孩子的認知力和情感連結力，對孩子的學習才有正面效果。讓孩子自己漫無目的地觀看電視或網路節目打發時間，不僅無法深入性學習，網路上的節目或影片還可能形成一種背景，促使孩子在發呆或東張西望中尋找其他有趣的事情。

另一個問題是學校社會環境的影響。在校園裡的人際關係，包括和老師的關係、同學的關係、學長姊弟妹的關係，還有學校其他人員的關係，也會一併影響孩子在校園裡的心理壓力，特別是情緒。受到班級或學校環境的拒絕或排擠，皆會使我們身心引發緊張焦慮感，長期持續性被冷落和拒絕，更會引起大腦裡的疼痛區產生痛覺反應。這些都會影響學習意願和效果，畢竟關於學習這一件事，都要建立在內心有安全感的基礎上，才能不因害怕人際傷害而產生過度不安，無法安心在班級學習。

雖然我們了解到學齡階段的心理社會發展任務是關於學習的經驗，能獲取成就感；透過努力和投入也能得到正向成功的經驗，但這個任務的發展過程有太多影響或干擾因素，不一定能讓我們在學校的生活過程體會到自信的果實，而願意相信只要自己願意努力、勤奮，皆可以得到想要的成果。這段發展過程若受到貶抑、羞辱或是質疑，都可能對自我能力感到懷疑和自卑。關於不足或缺失的影響，便是對自己能力的懷疑，甚至容易產生放棄和退縮的念頭，還未嘗試即已畫地自限，認為自己一定不行、做不到，而提早打擊自己的自尊和信心，影響了後續的自我效能感。

不足與缺失的後果

遭到羞辱、負面對待，容易留下學習創傷

對整體社會來說，大多數的家長都重視孩子的智育表現，畢竟那和升學直接相關。記得我曾受邀到一所國中為家長進行一場「了解孩子失落感及陪伴孩子走過失落歷程」的講座，主辦老師是想透過這場演講向家長溝通，孩子在面對升學壓力或是人際相處時，皆會產生失落感及悲傷情緒，這也會影響孩子面對課業時的心理健康，希望家長能多關心孩子的心理，辨識孩子的失落反應和行為，並適時提供協助。這份美意安排在週間的某一天晚上，主辦老師很誠實地告訴我，無法預估會有多少家長參與。我點頭微笑，表示可以理解這樣的主題並不像升學說明或是課業提升研習會那樣受到關注，只是座談會開始到結束，我還是高估了可能參加的人數，最後整個學校僅來了三位家長參加。

在求學的階段，社會重視的都是如何獲取成功，這確實是這個階段非常重要的任務。然而，若在學校運作制度下遭遇不適應或是不利於自身天賦或長才發展的孩子，恐怕很難避免被放棄或忽略。過去的時代，若有孩子在學校的智育表現未能頂尖或得到矚目，往往家長或老師一句：「你未來完蛋了」「沒救了」「枉然了」就判定一個孩子學習上「死刑」，宣告無論他再怎麼努力或勤奮，一切都是沒用的。

發展出現障礙產生極大自卑下，會直接放棄或強迫追求完美

學習過程中有歷經過被羞辱經驗者，多少都會有「學習創傷」，恐懼學習，害怕自己笨、學不會、被取笑。在這種情況下，這個時期的發展上出現障礙，即會產生自卑、失敗感和自我放棄的心理狀態，久而久之成為成人人格運作的一部分。

一旦心裡產生極大自卑感，如果沒有直接自我放棄，就有可能因為很怕成為糟糕的人，而在日後把工作或計畫目標以追求完美為驅力，作為逃避內心的羞恥感和後悔感的補償。自卑引發的羞恥感和後悔感侵擾，是源於自我厭惡，是小時候未得到足夠的關愛和重視，內心始終徬徨無助於自己的無能和不足，也總是恐懼和焦慮做錯事後的懊悔，所凝結而成的心靈牢籠，因為無法信任自己的能力，終日不安於自己的犯錯和不夠好。

這也與未經驗過被安撫和接納有關，未能得到踏實的依靠和陪伴經驗的人，總是一個人面對所有的處境和衝擊，為了防止再次經歷內心所以為的天大痛苦，人們會傾向透過許多行為來逃避或防止那些想像中的可怕經歷，追求完美傾向所形成的控制欲就是其一。想藉著控制好一切來追求完美，以為這樣就

不會掉入內心經驗到的任何沮喪及羞恥感。當然，這是自己的設定，本身就是一場永遠無法達標的陷阱，還會因此陷入強迫自己的圈套中。

當一個人沒能接納和信任自己時，任何人事物都不可能讓他感到滿意和舒心。內心深處被恐懼和不安覆蓋，便會以各種強迫，來要求自己務必達成極致的成功，以避免接觸到、瞥見自己曾經的羞愧和不足。而已習慣強迫自己的人，則會不斷地活在各種強迫中，同時也強迫著世界。越是強迫世界非要照自己的意思，世界感覺起來就越像與自己敵對。人是無法在和世界敵對、無法合作的情況下，卻能充實安穩地展現自己的才華和本事的，這很矛盾也很弔詭，畢竟他會落入害怕自己跌落和失敗的無止盡恐懼中，不停掙扎，也不停敵視世界傷害了他。

當你與自我潛意識的「覺得自己不夠好」的意念對抗時，「社會比較」的客觀標準是不存在的。你的內在自我評估往往可能會局限在主觀的自我貶抑和自我否定上，若產生互動的對象在意見和表現上明顯與自己不同時，自我的肯定程度便會大受影響，很快呈現出一種對自己能力和表現好壞的不確定感與懷疑。

那麼，除非能改換角度、移動觀點，試著多看見自己的累積，少看見自己

自　我　評　量　表

【勤奮】不足自評表：

自評這些現象是否發生，或內在是否出現這些感覺？陳述句越符合自己的主觀感覺，勤奮學習受損程度就越會影響自我與社會環境的互動關係。

□ 對於任何學習活動皆呈現興趣缺缺。

□ 雖然會嘗試學習新技能或知識，但很難持之以恆，經常是三分鐘熱度。

□ 即使成年了仍未見有能讓自己喜歡投入的學習領域。

□ 幾乎不進行任何學習類的活動，也對新知不抱持興趣。

□ 非常討厭學習的歷程，任何需要學習的過程都會出現如無聊、無趣的負面感受。

的不足，因為人能發揮出自己的價值，是必須在於能深懂自己的價值所在，才可能相信在這世界上有自己的生存之道，能安身立命，不需恐慌，只要願意學習、接受挑戰、勤奮面對，都有自己可以發揮才能、貢獻成就的天地。

為自己培養及完成課題

不計較勝負，爲自己而學

害怕失敗的人，所有能量精力都會放在失敗的自我預言，充滿擔憂和焦慮；成功導向的人，則是想著各種能達致成功的方法。成功不會唾手可得，但相信自己能達成者會把精力放在了解各種有效的方法上，而非運作在自我抑制和自我否定上。換言之，一個想把事情學好的人，會想方設法學好它；一個覺得自己一定會學不好的人，也會想方設法來應驗他真的學不好。這就是「認知心理學」告訴我們的事，「認知」將影響我們的情緒反應，形成態度，然後直接影響我們的行為。

很多人會以過去「考試失利」或「考試挫敗」來認定自己一定是一個「憨慢」的人（臺語的笨），然後反覆地強化及固化這個信念，為了迴避再次的挫折，最直接了當的作法就是看扁自己，先說自己太笨、很差，就是學不會。這種「合理化」的心理防衛機制可以讓我們迴避害怕的事，以鞏固對自己的認知概念不會崩塌毀滅：「因為我笨，學不好也是應該的。」雖然表面上是在貶低自己、否定自己，實質上卻是在保護自己免於失敗。

如果，你真的想要（請確認是內心的渴望）培養樂於學習的態度、養成為自己而學，成為成長性的人，那麼，你要做的不是面面俱到、十項全能，更不用成為打敗天下無敵手的武林高手，不需要再用勝負、輸贏來看待學習這件事。因為是為自己而學，學到什麼、學成什麼成果、學到哪裡、學習是否致用……這些內涵都跟他人無關，而都只是跟自己有關。

不用再把誰當成假想敵，用假想敵來激發自己好鬥、好勝，你需要把學習的事和考試分開來，考試或檢定也許有分數、有名次，但學習沒有。事實上，學海無涯，真正在學習的人自然會明白，學習是一直累積和成長的事，一時的結果並無法斷定一個人的學識和能力程度。本來在前面的，因為自滿和怠惰，也可能會落後；原本落後的，卻因為持續地進行和穩定的累積，反而走在前頭了。正如龜兔賽跑的比喻，每個人有自己的時程和進展，但能堅持下去的，是最不容易的毅力。那麼，我們可以思考：一次或兩次的輸輸贏贏、成功失敗能斷定什麼呢？如果能把成功和失敗都視為與他人無關，不是用來踐踏別人，也不是用來抬高自己，而是用來好好地凝視自己、面對自己究竟會了什麼、不會什麼、懂了什麼、不懂什麼、強項是什麼、劣勢是什麼，那麼比試和競賽才真的有了意義，可以透過實際的上場知道自己的不足，同時了解自己的優勢。

在各種競賽場上，如果一個選手他的目標不是與自己有關，不是練習挑戰自己和駕馭自己，而是把焦點放在鬥垮別人、戰勝別人，那麼他的得失心就會強烈到破壞他內心的穩定度，更會讓他因為太在乎自己的表現、有沒有戰勝對手而顯得心浮氣躁，隨時都受到情緒的拉扯。這樣的人往往有高自尊的需求，內在卻是由強烈的自卑和羞愧構成的低自尊，從中衍生出強烈的得勝心，非要自己只能贏、只能勝，無法調節自己在訓練自我、發展自我的過程中所遇到的阻礙和逆境，容易在臨門一腳時，被自己伸腳絆倒，然後對自己的不如預期氣急敗壞。

正因為這樣，各種競賽選手總要在日常及上場時練習駕馭自己的心性，練習控制、抑制自己的衝動和情緒，還要持之以恆地練習自己的長項和優勢，同時改善或控制自己的劣勢和技術問題。學習也一樣，焦點應放在自己的精益求精，從初學者進階到熟練者，或再進化到教導者，這就是學習的歷程。有心學習的人，不會只停在書面知道或是課堂聽聽，他會想要確定自己掌握的程度，甚至自主性去尋找教練或是令他尊敬的楷模求問、求教，以掌握更深及更上一層樓的指導。正如陸游以勤奮學習、身體力行的經驗感悟寫下的教子詩句：「紙上得來終覺淺，絕知此事要躬行」（出自《冬夜讀書示子聿》），只要認知和態度正確了，行為就會改變。若想培養勤奮向學或樂於學習的態度，就要調整自己慣性的「自我貶低」和「自我負面標籤」認知反應，以及對學習的消極態度，在行為上才可能有所不同，相信自己有很多可能，可以開展新的經驗。

作業練習

撕下學不會的標籤，重新學習「如何學習」

以「有效」的方法訓練自己

一般情況裡，人都是很有自知之明的，知道自己什麼擅長，什麼較為困難。就如清晨起床這件事，知道自己一聽到鬧鐘就立刻起床的人，只要設一個固定鬧鐘就可以了，因為鬧鐘一響，他就會自動起床，開始一天的運作。

但有些人不是，像我，就不是一個鬧鐘設定一個時間能馬上起床。以我跟自己的相處經驗，我非常了解自己需要「緩衝」；其實不只是起床這件事，很多事都是一樣的，我需要有足夠的緩衝時間，來進入另一種狀態，不是屬於立刻切換型的人。因此，我需要考量自己的獨特需求及個別性，以找到合適我的因應對策。我還是必須起床，只是程序需要多一點，需要因應我的個別需求。所以，我備了兩個鬧鐘，一個近一點，一個遠一點，而遠一點的鬧鐘離盥洗室近一點。這樣安排的用意，在於近一點的鬧鐘像是預告，讓我有點心理預備「該起床了」，而在十分鐘之後會有個遠一點的鬧鐘，算是正式鬧鐘「非起床不可」，並且為了切掉鬧鈴，我需要起身動作，又因為離盥洗室近，我可以稍微控制意念往盥洗室的方向去，以達到用動作清醒的目的。

這只是一個舉例，事實上，我們每個人「容易辦到」和「不容易辦到」的事有很多，各自擅長的事也都不同；某人容易做到的事，對另一個人來說就未必是容易的。用同樣的方式要達成同一個結果，就會有人辦到，有人放棄。

如果都要辦到，就要因應每個人的不同狀態和不同條件（包括先天和後天差異）來擬定策略方法。「自我效能」主要的功能，在於當個體知道自己要達成一個目標時，他會如何尋找解決問題的方法，或是主動學習相關策略，來相信自己可以辦到那個目標。

當然，他需要知道什麼是自己想要達到的目標，而不是順從或依隨別人的目標。再來，針對這個目標是「可達成的」，沒有理想化的期待、不切實際，而要確實可行。

那麼，為了達成一個可預期達成的目標，過程中就需要有效的方法；學習也是相同的道理，要達成一個可預期達成的學習成果，有效的學習方法就是關鍵。

在學習的過程中，你可能會去參考別人的方法，或是聽取別人是怎麼辦到的，這些吸收或參考都很好，可以打開眼界和心界，擴展思維，增加自我學習的創意方法，但是終究不能完全套在自己身上。你可以實際嘗試這些方法，但最重要的是透過方法來覺察自己可以如何把這些方法變成自己擅用的方法，找到自己的訣竅、掌握自己的技術、增加自己的實作經驗，你才能有自己的心得，也才了解自己需要調整的細部是什麼。

若是學習上卡關或有阻礙，可以閱讀一些「高效學習」方法的書籍，或是養成一些好習慣的教練課程或書籍，都能讓我們學習到更多有效的練習方法。現在許多教育領域的教授或老師，皆在開發促進學習成效的教學法，從桌遊、電玩或是影片課程，甚至體驗式教育，無非都是為了提高學生們的學習興趣和成效。這告訴我們一件事，過去你以為是自己「愍慢」，總覺得自己學不會，其實很大的可能是：①沒有遇到會教的人，②沒有發現有利於自己學習的方法。單單這兩個原因，你就需要好好撕下過往經驗給自己貼上的負面標籤，重新給自己新的機會，重新學習「如何學習」。

激勵，增添自己能力和力量

賦權充能是一個人能否增加自我效能的其中一個方法。越能感到對自己的能力有信心，不僅越能增加自信度，亦能幫助自尊的穩定。賦權充能是要增加自己的權利感和能力感，相信自己有自主權，同時有力量去行動，展現出自己身為人的各方面潛能。

自我效能的定義上，與個人擁有的技能無關，而與所擁有的能力程度的自我判斷有關。作為一種對自己所擁有能力的信念，自我效能決定個人在特定情境中的行為、思維方式以及情緒反應。

高自我效能的人，會將有難度的任務當作挑戰去接受鍛鍊，而不是當成對自己的威脅。「我想學」「我要知道」「我要懂」或「我要試做」，這些積極主動的認知念頭，讓人有往前迎接任務的動力；反之，低自我效能的人面對困難任務時，會先懷疑自己能力，先注意到自身的缺點與將面臨的阻礙，開始幻想出各種可能導致失敗的負面結果，而非思考如何克服或如何成功。

面對失敗，高自我效能的人，會著重在自己的突破及如何再練就新的技能和方法；低自我效能的人則容易感到壓力，覺得沮喪、焦慮及無力感。

不能否認的，自我效能和自尊、成就動機、自我概念都有關係。穩定的高自尊能增加自我效能感，不穩定的自尊或低自尊則傾向容易打擊自己、過度看低自己，因此也影響到自我效能的程度。

就成就動機來說，這不僅和學齡階段的心理社會發展有關，甚至更早的與家庭裡的學齡前環境也相當有關，包括：自主性和主動性的發展，都會影響到成就動機。自己有多想學？有多想看見自己學有所成？還是，學不成就算了，或是學到有困難點就直接放棄？

我在新聞報導上，曾看見一位演員當媽媽了，在懷孕期間因為要顧及孩子的營養，自己開始學習營養學及料理，給自己和寶寶足夠的身體養分。這個例子正顯示成就動機的強度：由自己想這麼做的動機開始，並著手去執行，透過自己的學習來因應和處理自己的需求及問題，這便是一種自我效能的呈現，相信自己能解決生活上的需求。

童年時期曾經歷過獨立完成事物，或學習過自理能力或家務處理的孩子，效能感也確實比依賴、等別人來幫他完成功課或任務的小孩來得更強。所以我們才說，家長確實是要陪伴和教導孩子處理一些事情，並且與孩子討論方法及在旁輔佐執行，但絕對不是什麼都替他做完、替他執行，或是因為趕時間，受不了孩子慢吞吞，就什麼都預先幫他處理完畢，這會影響一個孩子的效能感，也會影響一個孩子未來獨立執行事物的能力。

若是成人後要為自己的個體獨立鍛造修補效能感，那麼可以進行的是：鼓勵、賦能充權。試著精神喊話：「可以的，試試看」「有學習就有累積」「慢慢來也沒關係，慢慢熟悉步驟」。另外，可以體驗對自己打氣，像是自己的同隊夥伴，若要讓團隊有正向情感好面對挑戰，你會如何對內傳達信心和鼓舞呢？寫下來，念給自己聽，讓自己刻意練習營造內在好能量的話語。就當作自己是內在的CEO或領導人，總是用好的激勵話語和信任態度，如此內在才能有個好團隊、好組織，有正向的態度和向心力，合力面對任務及考驗。

內心正向語言是經過實驗研究，有利於一個人的學習，同時增加自我正向能力感，也激活我們內在的積極活力。對自己說負面話語，就像是給自己下毒，不僅削弱自我的力量，也會反芻大量的自我貶抑和否定，實在是不能不察、不改變。

| Mission 5 |

生命第五任務

當我和別人不同時，我是誰？
——自我認同或混淆

你能認出自己嗎？

你知道你何以是你嗎？

如果，我們做一個題目：「請論述何以確認你是你？如果你和另一個人或一群人站在一起，而有人冒充是你，你要如何證明你是你？」

請試著逐一寫下你的答案，請問你會寫些什麼？

從這個問題的回覆描述中，可以檢視你有多認識自己，包括如何辨識你和他人的不同之處，以及如何了解你自己的獨特性。

如果一隻魚，誤認同自己是一隻鳥，那就會充滿自我懷疑和價值感混亂。如果龜兔賽跑中的烏龜，羨慕起兔子的敏捷快速，怪罪自己為什麼要身為烏龜那麼慢吞吞，而對自己充滿貶抑和失望，那烏龜在牠接下去的日子裡，可能就會活在唉聲嘆氣中，恨自己為什麼不是生為兔子，拒絕自己生為烏龜的事實。

我們有多少人的人生皆是如此？因為不知道如何認同自己，也從不認識自己，只因為羨慕別人的生活或他們呈現出來的樣貌，就充滿對自己的否定和質疑，埋怨自己為什麼要是自己，而不是生在別人家那位令人欣羨的某某人。

這一段自我懷疑也充滿自我認同危機的階段，是青少年期的主要危機，發展的年齡在十二至十九歲之間。這一段時期，容易產生身分認同（self identity）和角色混亂的問題。所謂身分認同又稱為自我認同，是指個體嘗試將與自己有關的多個層面統合起來，形成一個自覺協調一致的自我整體感。或者，指一個人對於自我特性的表現，以及與某一群體所共有觀念（國籍或者文化）的表現之間的關聯。

對自己特性表現感到排斥、拒絕和混亂，而不知道該怎麼接受自己的存在，往往和外在環境，一個群體的形塑及呈現有直接關係。當社會環境的主流價值觀過於狹隘、缺乏包容和多元，就會制約及控制青少年該有什麼表現。而此時也正是青春期人類第二性徵的發育階段，性徵日漸趨於成熟帶來身體上許多變化，外型明顯可見差異；社會及群體對於一個個體的「性別」框架，包括男孩女孩該有什麼表現、什麼規矩、什麼行為，也開始大量介入、干預。當發現個體不符合群體的既定觀念及形塑出的模樣，一個極權、封閉和支配型的組織環境，就可能對此個體進行許多懲罰、糾正和訓誡，強迫性要求個體順從並符合期待。

「認同自己還是認同他人」的內在衝突和拉扯

國內外都曾經出現許多案件，是青少年遭受機構或組織虐待、強迫矯治。不少案例甚至是父母把孩子送到矯治性機構，委託機構負責人以教育改造之名，行傷害和羞辱之實。CNN曾經報導，在美國有位較傾向女性特質的五歲孩子——柯克．安德魯．墨菲（Kirk Andrew Murphy），被雙親送去加州大學洛杉磯（UCLA），參與一項為期十個月政府贊助的「改造計畫」，即娘娘腔實驗，進行將柯克轉向回男性特質的計畫。執行計畫的博士生喬治．艾倫．雷克斯（George A. Rekers）宣稱此性傾向的矯正非常「成功」，這項研究後來發表在學術期刊上的結論指稱：「經過治療，『克雷格』（研究化名）的女性行為消失了，他變得與其他男孩沒有區別。」然而，柯克的家人在後來柯克自殺後，開始回想柯克究竟有著什麼樣的人生？為何會在三十八歲時選擇自殺？大柯克八歲的哥哥馬克回想起，柯克在參與此研究計畫時，他們的家庭正活在低谷裡，只為了符合所謂的「正常家庭」。

自從參與計畫之後，柯克變得不快樂、認為自己是不健全、錯誤的人，青少年時期常一個人躲進廁所用餐。直到一九八五年出櫃後，依舊無法接受自己，有重度憂鬱的病症，並在二〇〇三年自殺身亡，得年三十八歲。這場宣稱「治療成功」的實驗研究謊言誤導社會數年，讓無數機構深信如此。有一段很長的時間，各種假「關懷」及「治療」之名義的單位和組織，進行了許多青少年的塑造計畫，有非常多報導與文獻都記載，這些單位及組織裡，不乏以許多虐待、懲罰、性羞辱，甚至有以性侵作為矯正性向的方法。這些所謂的矯治行為極為粗糙、暴力、凌虐和不堪，讓身心尚未成熟的青少年在自我認同上產生莫大傷害及危險，損害了一生身心及人格發展的健康權利。

關於「性」相關議題帶給青少年的認同危機不只如此，個人功課成績、身材、打扮、樣貌、性吸引力、面子……每個議題都讓發展中的青少年感到疑惑和徬徨。別人會怎麼說、別人怎麼看、別人要我怎樣等問題，皆會引發「認同自己還是認同他人」的內在衝突和拉扯。

此一心理社會發展過程，即是要能發展健康的自我認同形成。究竟你是什麼樣貌？能否接受自己的本質？身為你自己是否能不產生自我衝突、自我對立和抗拒，導致痛惡自己、認為自己是異類，不該存在這個世界上？這些自我矛盾又拉扯的歷程，在我們青少年時期每一天的生活中、人際關係互動中、學校環境影響中，時時刻刻上演，可能累積自我認同的力量，也可能引發自我認同的危機，甚至造成不可彌補的傷害。因此，艾瑞克森認為，此一時期的自我認同危機未得到解決，將導致當事人面對角色及身分上的諸多混亂，也讓生命發展的歷程備感艱辛。

主要課題與任務

發展安穩有韌性的自我認同

在「認同形成」過程中，不管是解決兒童早期尚未處理完延遲的危機，或青少年期面臨的危機，皆是為了讓個體邁向自我認同的形成，利於後來健康人格的發展。所以，我們在青少年期會嘗試各種社會角色，進行許多活動，藉以探索自己，包括價值體系及未來的生涯方向。

事實上，每一個新的嘗試與探索、每一次活動中，都可能出現新的「認同危機」；有些經歷會成功，有些經歷會挫敗，也有些不好不壞，見仁見智，但這些林林總總的經歷多少都會讓個體觸碰到自身的優勢與劣勢，在環境的形塑與機運下，我們的青少年時期——此一生命劇烈變化階段——將經歷大大小小各種生命抉擇和環境挑戰，這些所經歷、體會和遭逢的一切，層層疊疊、環環相扣，最終形成我們個人的自我認同狀態和品質，逐漸發展出自己認定的一套信仰或價值體系，且對此套價值體系做出具有同一性的忠誠感（忠於自我）。即是艾瑞克森所認為、自我「認同形成」應具備「連續感」（continuousness）與「同一感」（sameness）的特性，才能發展安穩有韌性的自我認同。

自我認同形成的「同一性」是個體在尋求自我的發展中，對自我的確認，對那些有關自我發展的重大問題，像是有哪些理想、想從事什麼職業，以及要保有哪些價值觀、人生觀……等等人生問題的思考和選擇。這些思考和選擇過程涉及個體的過去、現在和將來的發展，若能確立具有時間發展的同一性（過去、現在、未來的一致），個體便是對自身有了充分了解，能夠將自我整合成一個有機整體，確立自己的形成，也充分了解關於自己這樣的一個人。

自我「認同形成」的組成

在自我認同形成過程中，為了因應社會要求及內在成長的心理需求（像是安全感、價值感、自尊與他尊），我們會經由不斷的連續探索及經歷發展中的危機，各種挑戰和考驗（例如：被同儕邀請抽菸、吸食毒品或進行作弊等違法行為），終而面對及回應自己內在的價值體系，並形成一種對價值體系的忠誠及認同感。當產生了認同感，個體面對自身的過去與未來的相關承諾時，即具有一種自我同一性和連續性的感受。

就艾瑞克森的觀點，所謂「連續性」與「同一性」的概念，是指個體透過時間和空間體驗到其自身是一連續的個體（實體），個體在不同的時空下仍能感受到自己本質上始終是相同的一個人。進一步來說，不會因為時間、空間、情境的變化，對自我的呈現和價值觀、信仰、道德、行為、能力的抉擇和表現產生混亂、不一致和自我懷疑。就「確定性」的意義來看，即個體是否清楚覺察或確知他所持守的目標、價值觀、信仰和能力，並以此去體驗及經歷日常生活所需面臨的社會要求和生活任務。

關於自我「認同形成」的組成，包括：個人認同、社會認同及集體認同三種內容。這三者之間可能有相互加成認同的成效，也可能相互衝突及矛盾，折損及破壞自我認同。

◆**個人認同**（personal identity）：屬於私我，是個體經由獨特、真實的自我經驗所形塑；反映個體私人或內在的心理傾向，及一種連續性、同一性和獨特性的感覺。

◆**社會認同**（social identity）：屬於公我，個體與社會環境互動後所形塑的認同，與公眾的自我意識及個人的社會角色有關，其面向包含如個人的名譽、受歡迎程度、參與社會的身分等。社會認同多少反映個人在社會中的角色與關係狀態。

◆**集體認同**（collective identity）：納入個體參與的「重要他人或參考團體」（例如家庭、同儕群體、學校、社區或宗教組織等）的期待與規範所形塑的認同。進入一個團體或組織時，此團體或組織所期待和要求的行為和價值觀，是否是我所認同？而我的行為舉止和表現，是否能得到團體或是團體領導人的認同，也會影響我們的個人認同狀態和品質。

就因為自我認同涉及個人認同、社會認同和集體認同，其組成並非自己說了算、自己高興就好，牽涉到的範圍從近距離的周圍人際關係，到較遠距離的社會評價和社會地位，以及當中不論是發生衝突或是產生落差的過程中，所要承受的心理壓力及自我懷疑皆十分複雜且糾結。因此在自我認同發展過程發生危機的人，從疑惑、混亂、糾結到抑鬱、焦慮到自我的解組皆可能發生。

成功完成自我認同可用的方法

如何成功地面對和因應這個任務呢？呼應自我認同的組成：個人認同、社會認同和集體認同，我們都需要學會找到個人和團體及社會的聚合及分離調控，不能採取極端的迎合或極端的隔離，那都會產生偏頗和失衡效應。

彈性的取捨、彈性的拿捏、彈性的調控，是成功完成自我認同可用的方法。不落入全盤接受、不得有異議的處境，也不是全盤推翻，和團體或社會進行對抗與仇視：

◆**彈性取捨**：當個體和外界的要求有所衝突或落差時，評估及選擇當下自己認同的論點或項目，進行互動及連結，但也能調節及面對捨下的部分（失落之處）有所差異存在。例如：外界訊息有各種對年齡的規範和要求，幾歲應該結婚、幾歲應該事業有成、幾歲應該買房子，從中取捨你認同的價值觀或想法，但也接受自己對人生的規畫或觀念有所不同。

◆**彈性拿捏**：個人和環境他人的價值觀不會呈現完全一致的狀況，就客觀來說，每個人既然為不同獨特的個體，怎麼可能出現完全一模一樣的價值觀、信念、態度和行為。雖說如此，人們還是容易一直執著於不要遇到分歧或衝突的情況，害怕呈現各有立場的「撕裂感」，就像兩人或群體不再緊密相連。想要確保關係緊密相連，毫無差異和縫隙的人，可能是有「分離焦慮」，對於不能融合一起的孤獨感受感到恐懼及排斥，因而無法接受「不同」。但是，一個能好好接受「不同」是存在的人，才可能有實在的自我認同，否則他只會焦慮於無法與別人緊密相依，而過度迎合或過度操控別人必須相同一致。在彈性拿捏上，重點在於我們身處關係中，即使表達出我和對方的不同，也能不以粗暴及絕對的方式進行比較或判斷，而是以和平尊重的態度，表達哪些部分自己是有差異的，但哪些部分自己是有相同的觀點、想法，在表達的用語上能細緻地拿捏。

◆彈性調控：彈性調控主要是指我們內心對於和他人或團體呈現不同的觀念或行為時，能坦然面對和接受自己與他人的不同。過度忠誠於他人或團體，可能都會讓我們放棄忠誠於自己而背叛自己。為什麼會發生忠誠於他人或團體勝過自己呢？在高壓或高控制的團體裡確實會如此，剝奪你的個人認同，包括信念、信仰、價值觀或是判斷力，當人懼於承受壓迫、威脅、指責、暴力時，棄守自己將無可避免。但若我們不讓他人或團體順利地操控我們，那就需要保持自主的理性思考和判斷，然而，若恐懼和焦慮情緒激發得太強烈，理性的運作功能就會無法啟動；被翻雲覆雨的情緒侵襲之下，理智失去效能，將更加無法為自己釐清事實、邏輯思辨、客觀思考，造成全面性被掌控的情勢。彈性調控需要在面對他人或團體的開始即運作，保持個體界限以調控外界的訊息有無不當滲入的情況，同時調節情緒的壓力，不讓情緒過於迅速猛烈被激發，導致被情緒操控的危機。

當然，在協調個人和社會、團體認同的過程中，保持覺察和後見之明是重要的；為自己檢視、覺知及判斷，這些必須有自我的獨立功去處理，才能漸入佳境，掌握訣竅。

不足與缺失的後果

認同困難，產生迷惘、混亂及無力感

作為社會的一分子，我們都難以避免受到「主流價值」的影響和牽動。當周圍人們一股腦地追求什麼，例如：減肥、微整型、穿搭、購物、追劇，形成流行之後，個體就很難不在這一波旋風當中被吹襲，心裡總是不想被落單，或被認為是孤陋寡聞、跟不上風潮的井底之蛙。

成人或多或少都嘗試過跟風的後果，藉此修正了個人認同的價值觀或自己適合的生活方式，雖然到中年後，仍有個體容易被人說服和追趕流行，但程度明顯低於青少年時期的階段，畢竟青少年的自我認識尚且表淺，對合適自己的生活選擇所知有限，仍會以擴張方式想要多面接觸、多方嘗試，試試這個、試試那個。在過程中若是有自我反思的能力，從後見之明中更清楚屬於自己的價值觀，建立起對自己的認同，那麼追逐潮流、跟上外界主流價值的過程，也算是一種把自己內外本質的輪廓越看越清晰的歷程。

但若是盲目地追逐主流價值，把主流價值的各項條件（通常這些都涉及商業及利益目的）作為發展成功完美自我的目標，而缺乏內省和反思自己的體會和感受，也未從中辨識及確認自我是否認同，那麼此生命階段的心理社會發展障礙，將產生身分及角色混亂、生活無方向目的，也影響日後其他階段的生涯抉擇、親密關係、人際關係和身分認同問題。

從童年開始的發展歷程，直至青少年階段，將近十幾年的生命經歷，個體過往形塑的自我狀態直接導入青少年自我認同的形塑和品質。在青少年階段，小團體群聚及分派結盟等情況，反映出個體的初步自我認同投射而出的團體認同，像是：我很優秀，所以我和優秀的同學在一起；或是：我不會讀書，所以跟功課差不多的同學在一起。也有一些青少年想要證明自己是優秀、聰明的、功課好，或是會打扮的、漂亮的，而讓自己躋身能獲得這些條件或標籤的團體。然而。身心尚未成熟的情況下，單靠自己獨立自主承受生活考驗和學習任務，難免都會遇到挫折或考驗，因此一個團體裡就會出現指使、控制、支配或掠奪等情況，有些人、拿到權力就毫無顧忌傷害別人；有些人則屈於下位，成為代罪羔羊。

無論在哪個國家，青少年的霸凌及集體攻擊、羞辱及威脅的情勢都在失控上演中，這不僅是現在青少年的身心痛苦，更是許多成年人的記憶裡無法淡忘的創傷。那些青少年時期遭受過團體的冷嘲熱諷、排擠忽略，再回想起來，還是可以感受到當初的身心痛楚、懼怕無助。那是無人可以幫忙和化解的陰霾，沒有師長可以求助，同班同學也無人可以伸出援手、給予善意。

感受到溫暖和關懷，涵養個人趨近成熟

目前全球的青少年皆有憂鬱、焦慮和悲傷感上升的趨勢，青少年自殺率仍居高不下，雖然探討這些問題，不免想到現代網際網絡的發達，導致青少年相較過去的年代更快也更多接觸大量負面情緒的資訊、圖片、訊息，浸泡在無法抒解和消化的情緒激發下，找不到生命的出口及對自己的認同。當然，這不是

唯一因素，青少年階段的生命困難和家庭、社會環境、世界變動皆有關聯，而疫情大流行中的「末日感」更深刻影響青少年對未來的焦慮感，疊加效應下，使得兒少心理健康問題白熱化。

我們都知道，青少年時期的接續，即是成人期後的進入社會、接受社會歷練、發展親密關係、成家或立業，進而貢獻自己，各種挑戰及考驗接踵而來，需要我們的身心體魄去承擔和應對。在青少年時期過度的承受痛苦，與環境產生極大的衝突和連結斷裂下，茫然的心靈、無助的感受，將使自我認同的生命發展更為困難，而產生更多迷惘、失落、混亂及無力感。

青少年的困頓並不是一句「少年維特的煩惱」就可輕鬆帶過，更無法簡單以玻璃心或無病呻吟批判之，其反映的是生命對應社會環境的快速變化和利於自我發展的資源不足所造成的複雜性情況，更多層面還牽涉到童年的家庭與生活環境所給予的關懷、照顧及培育是否適當等問題。對青少年來說，若是能在此階段遇見一個或數個正直且富有關懷的師長，或是幾位相互支持及理解的同儕，可說是此階段非常重要的貴人，不僅能包容我們在困頓不安時的迷惘，同時還能引導我們一些思考的方向，支持我們從自我的生命本質認識和肯定自己。

我自己的青少年時期由於原生家庭結構特殊，我又寄住在親戚家生活，和同學們的家庭經驗相差甚遠，加上我的父親在我國二上學期結束時突然驟逝，更引發我有說不出的抑鬱和悲傷感，自慚形穢自身遭遇，特別有一種「我真不幸」「我是不祥之人」的感受，在團體裡封閉自我，不太和人往來交談。所幸中學輔導室的輔導老師不刻意、不過度的關懷，鼓勵我探索自己的特長（當時我在學校的繪畫比賽表現突出）、培養自己的志向以能在成年時自力更生，讓我開啟了不少欣賞和肯定自我的角度，並朝向自己有興趣的生涯目標努力。

雖說從童年至青少年時期，我的生命是孤單且寂寞的，但一位老師的看見和肯定，聆聽我說話（生活中幾乎沒有人聽我說話），讓我開始想探索自己的內心世界，也開始接觸文學，從閱讀中了解自己的心境及感受。雖然當時並不知道這些經歷會如何影響及塑造我的將來，但我從高中就讀美工科，慢慢地摸索到成為社工師，進而以寫作方式、演講方式向世人表達、說話、分享，再到研究所深造，成為一名陪伴生命療傷的諮商心理師，我相信是青少年時期所感受到的溫暖和關懷，默默地在我心中種下了尊重生命、愛護生命的信念，也漸漸地涵養我這個人趨近成熟的模樣。

自 我 評 量 表

【自我認同】不足自評表：

自評這些現象是否發生，或內在是否出現這些感覺？陳述句越符合自己的主觀感覺，自我認同受損程度就越會影響自我與社會環境的互動關係。

□ 時常有無法堅定表達自我的傾向，害怕被反駁和否定。

□ 覺得要追逐一個理想完美的自己，不論何時都對自己感到不滿意和否定。

□ 懷疑自己在社會的價值，認為對社會來說，自己是一無是處的人。

□ 只要在團體中，都會感受到被團體成員輕視和忽略，常感覺到敵意。

□ 處在群體和個人之間的選擇和反應，容易覺得衝突矛盾，沒有安適感。

為自己培養及完成課題

建造一個自己接受也認同的「我」

自我認同無法確實的人，看見環境他人的表現和行為與自己不同時，常會出現懷疑及錯亂，總會出現：「為什麼那個人可以？」心中不平也困惑，有種不認同對方，又覺得對方占到了什麼便宜似的，心生怨氣。

當我們時常因別人的行為感到介意、跳腳，甚至不平時，可能都正在顯示有什麼樣的衝擊衝撞你的信念、價值觀、既定思維或是感受。如果這是你的反應，那麼，我們需要了解，你的內心正被某種教條或訓誡制約和限制，使你認定自己必須信守和執行，然而，那個讓你覺得錯愕和疑惑的人，並未受到這些「不可以」教條或訓誡限制。

在你的「不可以」和他人的「可以」之間，並不是誰對誰錯的問題，而是成長經驗和環境影響後的實際呈現。你要做的不是在「為什麼他可以這樣」中糾結，因為他就是可以，覺得不可以的人其實是你。

那麼，在「自我認同」的課題上，你要問清楚自己：你的「不可以」是怎麼來的？被誰規定的？遭受過什麼難過和難堪的事情，以致你非常擔心和害怕，拚命要自己「不可以」？你的「不可以」背後，究竟是傷痛？還是恐懼？是擔憂？或是羞恥？有多少內在的陰影籠罩在你的世界，以致你必須堅定地用各種強迫性的「不可以」約束和限定自己，才能確保和鞏固你不會成為什麼樣的人？如果，你可以探究到自己內在的框架和約束究竟是如何形成的，那麼你就要再繼續問自己一個問題：「這是我思考後、經驗過，而選擇的信念或價觀，還是只是任別人灌輸及約束，即使不明就裡，還是要自己拚命執行？」

就如很多人都會說：「我是善良的人，我不能自私。」這句話表面上說出來，似乎表示這個人是這樣認同自己的，但是只要牽涉到別人並不如他認為的善良或無私時，他就會非常氣憤、委屈，並強烈地覺得這不公平，批評別人的自私和可惡。這時就能看見此人的自我認同並非實實在在的自我認同，不是因為自己所思考及選擇對自我的忠誠，而比較像是被桎梏和強迫的一種不得不，好像沒有彈性也無從選擇，所以看見別人的允許和可以時，反而有種虧損感，好像自己缺少了什麼。就如小孩很聽大人的話，非常壓抑自己的需求或渴望，但看見另一個孩子不用聽話，反而得到更多的自由和擁有時，內心便十分不平：為什麼聽話卻沒有得到更多呢？

這是我們社會普遍存在的問題，因為過往的世代，並不注重自我的心理發展和成長，認為人出生後就是要符合別人的期待：小時是父母家庭、求學時是師長、成年後是老闆或權威，因此一切的成長歷程，都致力於了解別人的喜惡、揣摩別人的意思、滿足別人的期待和要求。至於自我認同，建構一個獨立的、有自主權、能獨立思考，建造一個自己接受也認同的「我」，過去社會既不傳達這樣的訊息，也沒提供增加自我健全素養的機會。

所以，在我們培養自我認同的過程裡，要能給自己一個鬆綁的可能、一個開放的空間、一個信任，允許自己有些不同的體驗，往你過去受禁制的生命體驗另一端去感受及體會看看。或許你才有機會，開始體認到為什麼有些人，他們就是「可以」，在那些「可以」的經驗中究竟能經歷到什麼，獲得什麼樣的體驗和好處？

例如：有些人可以很自信地表達出自己的成就和能力，有些人卻不，還立刻對那些自信的人形成反感：「自大」「驕傲」「不害臊」，好杜絕自己去感受「自信」是什麼感覺、什麼體會。因為他被自己內在強大的桎梏壓迫，內心有著過往權威對他說話的聲音：「不可以驕傲」「小心露出馬腳，讓人看笑話」「驕傲必敗」，他被這些聲音禁錮卻不自覺，反而死命地壓制自己不要犯規、犯戒，卻從來沒有真正打從心裡去思考明辨這些教條和道理的意義和邏輯，自己究竟是真的認同？還是太害怕不被認同而棄守自己的思考和選擇？

只有你能夠清晰的認出自己，知道自己是誰

基於邁向成熟，成為獨立的個體，你需要親自歷練自我認同的建構。什麼才是你真正的選擇，什麼是你真正的認同，而不是被過去的陰影和負面經驗綁架和束縛。允許自己放開束縛，做一個自由而不踰矩的人，真正可以自我負責的選擇，不是強迫，而是思考過的選擇，才能建構成為你的一部分。

經過這一段摸索和思辨的歷程，你才有機會確認「我的認為是什麼？」「為什麼我那麼做？」「為什麼我不那麼做？」以及「再次確認這就是我」。

每個「不可以」都含有許多過往的故事，而那些過往的經驗裡可能有著令人痛苦、難堪、屈辱和不堪的經歷和感受。於是，竭盡一切力氣，防堵自己絕對不可以再次犯錯或造成損害，因為過往的負面經驗告訴你：這是極度不安全

的事情。

從小到大，你是否曾遭受到什麼莫名的挑釁、利誘和慫恿，要你這樣、要你那樣？

你如何辨識那些話語是出於什麼心態？是真的愛你？或者只是利用你？

我們的人生在發展過程中，需要認識自己，才能進而認同自己。當你不認識自己的時候，你會活在別人的指揮和評論裡，以為別人對你說的任何評論和指責真的都是因為你「很不好」「很奇怪」「很難相處」「很討厭」「很麻煩」。

你因為不那麼認識自己，不知道自己是誰？特質是什麼？存在的價值是什麼？因為你不知道，所以只好一直用別人的眼光和口舌，來以為那就是你。但其實你真正要做的，是弄清楚自己、理解自己，如果你無法理解和相信自己的判斷和決定，你又如何能夠認同自己呢？更遑論「做自己」。

認同自己需要勇氣和信心，能鼓舞和陪伴自己勇於認識自己、樂於認識自己。我們都可以是自己最重要的支持團隊。至於那些根本不認識我們，只以外貌或表面解讀和批評的聲音，就還給他們，畢竟那無關於真實的你，只有你能夠清晰地認出自己，知道自己是誰。

作業練習

自問自答，發現自己與夥伴

釐清、核對及確認自己的價值體系

想成長為一個健全的人，就需要在生命發展過程裡，建立一個獨立運作系統的我。

什麼是一個獨立運作的系統呢？用電腦作比喻；雖然電腦偶爾會透過網際網路和別人的電腦連線，但基本上每一部電腦都有自己的主機和作業程式，來進行它的作業過程。如果，一部電腦需要的作業程式缺少很多，也沒有太多可促進操作的軟體，那麼這部電腦的性能和價值就會受到很大的阻礙；若是內建和配件缺失不少，就更難接受更新和提升的機會，因為條件不足。

話說回來，我們生為一個人，大腦就如我們的主機，負責人體全身的運作，包括循環、呼吸、消化、新陳代謝，也負責我們的運動和反應。不僅如此，人類大腦的奧妙之處，是能透過文字語言的學習和理解建構意義，進而影響我們的情感、態度和行為。你可以看見動物和人類一樣皆有自主情緒的本能，也有行為上的各種動作和反應，但是牠們無法透過文字語言進行建構意義，無法觀察及覺知自己，也無法了解自己的所思所想，無法形成洞察或見解來分享和傳遞牠們的生活經驗，只有人類可以具有「自我意識」「自我覺知」和「自我成長」來了解自己、觀察別人，並讓經驗產生意義。

所以，別報廢了自己生而為人的特殊之處，我們不只有情緒、感受和能直接做出反射性動作，我們最大的不同是會「思考」，包括：反思、歸納、分析、推論、思辨及建構意義。

在你「自我鍛造」的過程中，請保持和自己的對話，若能書寫出來就更好了，因為你要了解自己是怎麼想的、怎麼認為的、有什麼觀點和信念、有什麼計畫和動機，這些自我釐清和自我了解的歷程，唯有你看見及聽見自己怎麼說、怎麼想，你才能確認自己的想法，形成你的認知、信念。

你可以為自己設計多道題目，如果可以，請挑戰自己「問自己的一百個問題」，不論用說的，或是寫出來，若你能回答這些題目，請盡可能用具有脈絡及邏輯的方式說出：「因為……所以……」那你才有機會真的知道自己是怎麼思考的、怎麼建構自己的思維系統。

可以先列出題目，不論是曾經有人問過你的，或是你曾經感到不清楚自己想法的問題。然後每天練習一題，或一週練習幾題，重要的是寫下來或說出來（可以錄音，方便回聽）。若你發現你有題目的回答是空白的，不清楚自己的想法和意見，也不知道要從何發表自己的論點，就表示你對這個題目的參考資料和資訊不夠充足，你可以正反意見或觀點都搜尋一些，甚至各家各派都了解一下，這過程不是要找標準答案，而是要在受到思維刺激下，激活你自己的思考，了解你自己的取向和價值觀方向。

讓自己保持一種新習慣，問自己問題，了解問題，並建構自己的答案。答案不是絕對，隨著生命經歷都還會改變，然而，這是你學習了解自己的過程，也是陪伴自己探尋自己的認同，如此，你才能越來越明白自己，對自己所思所想、所感受的、所選擇的越來越清楚。

找到認同的自己，也爲自己找到認同的關係

我們在建構自己的認同過程中，同時也會需要團體認同和社會認同。只有自我的認同，卻沒有同儕或團體可以歸屬、產生認同連結，還是會使我們離群索居、封閉自我。

事實上，除非一個人的成熟獨立達到顛峰狀態，並且有足夠的生存能力和條件不依靠別人，可以過著猶如獨行俠的生活，全然地忠誠於自我，不然在成長的過程，我們都會需要同伴、夥伴，也仍有依附需求，需要透過外界的支持及供應，來維持自我發展過程需要的培育養分，沒有人天生就不需要依靠任何人的。

只要觸及到需求，就會需要與人互動，好讓自己在社會建構安身立命的條件，這時就必須和外界的另一個人、多個人、群體、社會產生互動關係，也就免不了涉及團體認同和社會認同。這會關係到你要與哪些人連結？你要與哪些人互動及相處？你要如何參與社會，付出你的生命才能，並實現你的人生願景？

所以，個人的自我認同與團體及社會認同息息相關，你認識自

己、認同自己的部分，會牽引你去和志同道合的人接觸、結集、凝聚。

因此，要了解一個人，也可以從他所選擇的朋友、團體、組織，包括參與的活動、議題、社群媒體的駐留頁面，來認識這是怎樣的一個人。這都會是一部分所認同的自己的投射和呈現。那麼，留意及看見、分析那些你所參與、接觸、連結的，就會看見及知曉你所認同關於自己的人格樣貌、價值觀、信念、信仰及能力。

當你越來越清楚自己，也越來越具有同一性和連續性地去認同自己時，請試著在這世上為自己找到可以歸屬或連結的對象，無論是另一個個體，或是團體、組織，那會讓你知道自己不是這世上唯一一個有這樣想法、價值觀、信念或是目標的人。雖然我們建立自我認同，但「被認同」仍會為我們添加力量，就像是「讚」符號的鼓勵，只要我們不上癮，不偏執地一再求得他人認同，卻忽略往內在自我認同，那麼與人連結、找到群體歸屬，仍是我們獲得友誼、友善、接納的經驗來源。

當你認同了別人，也收到他人的認同，這都會形成彼此自我認同的一條途徑，但記得，不要為了獲取認同而違背自己、背叛自己，那不會有益於你的自我認同，反而可能造成了你的自我扭曲和變形。

| Mission 6 |

生命第六任務

我真能擁有愛嗎？
——親密或孤寂

人能離開自我中心嗎？

我們在開始上學之後，很自然也習慣地會用在家的互動方式和其他人相處。把老師當成父母權威的替身，把其他同儕當作自己的手足對待或競爭，然後複製和父母手足相處的行為與外界人際相處，不論是討好或是妥協，又或是對抗或指揮。例如，父母權威而嚴厲，便自然地認為老師權威而嚴厲；若是父母放任而溺愛，也會感覺不需尊敬老師，甚至忽視他；在與同儕相處上，習慣要求或指揮父母的人，對待同儕也會有相似的行為，若是必須順從、乖巧地聽從父母的孩子，在同儕團體裡也很習慣順從和安靜。在手足關係方面，和兄弟姊妹的感情狀況是敵對、競爭、緊密、結盟，同樣會帶進和同儕相處的關係裡，會相互支持幫忙或是相互剝奪和侵占。

畢竟「社會」是更大的客觀存在環境，一定比我們個人的家庭來得更多樣化和多變性，不是所有在家庭慣用的互動模式都無往不利。可能有時會讓你備受打擊、爭議，或是遭受忽視、攻擊；有時會讓你經歷到質疑，也會讓你直接承受慣性行為的不良後果。因此，到了更大的社會環境，我們會開始修正、學習「社會化」歷程。「社會化」主要是發展有利於在社會與人相處共事的更多技巧、更多認知和解決問題的方法。當然，有些人漸漸會把重點放在角色扮演和關係中的表面演出，認為社會似乎更重視表面呈現，不深究內容內涵，因此將各種粉飾、包裝和各種營造形象的手段及花招視為「社會化」，以致許多人將「社會化」和「虛假、偽裝」畫上等號。

確實，在社會上要做到真誠待人、一致的內外表現不是件容易的事，當我們尚未成熟獨立為安穩健全的自我前，「自我」仍會停留在幼兒未成熟、未獨立分化的狀態。且受童年經驗制約所造成的「受損自我」進入社會運作後，本能地就會投射大量的自卑情結或自我誇大（膨脹）作用，引發各種神經症和不成熟的心理防衛機制（非成熟性的防衛機制），包括：反向（reaction formation）、合理化（rationalization）、隔離（isolation）、理想化（idealization）、分裂（dissociation）及扭曲（distortion）。

這些神經症的防衛機制以潛意識的發動為來源，無意識地在社會性的人際關係裡展現各種對抗和攻擊驅力，使人很難意識和面對內在自我與外界互動之間的動力，就更難清楚真實想要呈現的自我究竟為何？包括：動機、意圖、情感、意願及所選擇的行為，都受這些神經症防衛機制干擾，在現實情境下要做出正確且理性的判斷、客觀分析和合乎邏輯的決策，實屬難事。於是，社會成為眾人的幻象場，盡情投射各自的早年傷痛和生存焦慮，難以真正地在社會上建立雙向良性互動和合作性的夥伴關係。

我們在無意識中所做的選擇，會發展及決定我們獲得的經驗；事情發生的情況也是我們在無意識中選擇後的結果之一，很難避免一次次的負面經驗複製、重演和再現。

親密坦白的關係能支持我們走向成熟自我

親密關係或信任依靠的友情關係，是我們走向成熟自我的一個通道和轉化中途站。畢竟熟悉及耳濡目染的社會化歷程中，每一個人的社會職場或社群關係會讓他成為更分裂、歪曲的存在，還是會讓他更趨向整合和平衡性的自我，很難斷定及全面進行條件控制，究竟被社會情境影響成什麼樣的一個人？成為什麼樣的社會身分和角色?誰都說不準。

因此，親密關係或信任依靠的友情關係，就成了我們能夠在如此詭譎多變的社會人際環境中，保有接觸真實自我，也接納面對各種面貌的我——包括二元分裂及對立的我，一個浮現和露出頭角的機會，當中有各種自私、無私的、精神及享樂的，還有性欲及著重靈性經驗的成分，在成熟、負責任、努力、認真的面貌下，同時也浮出幼稚的、不顧道德的、恐懼又勢利的，衝動且攻擊的。那些我們呈現在對外社會，以主流價值認定為好的面貌，例如正向的、激勵的、樂觀的、積極的、幽默的、有魅力的、溫暖的、勤快的……卻可能在親密關係或信任依靠的友情關係裡忽隱忽現，甚至完全當機，轉向另一端的陰暗模式，把自己隱藏、迴避及否認的面貌在親密及信任的關係裡，一覽無遺，毫不保留地呈現。

如果，這是一段具有安全及信任為基礎的親密關係，當中行使的防衛機轉是少的，那隱藏的面貌就會被我們自己瞥見，也被伴侶或友伴經歷到，這使我們有了一個機會去認出和辨識這些面貌之間的關係，它們所呈現的壓抑或否認狀態，以及這些面貌之所以在親密關係中出現可能具有的動機、需求、隱藏和被否認的創傷來源。例如，有人在親密或信任的友誼關係中呈現出平常在社會運作時不太經驗到的非理性、衝動、猜疑及控制面貌。相較於在社會上運作的他既理性又溫和、親切有禮，但到了親密關係中，卻成了非理性控制狂，時常害怕和擔心被背叛，還充滿不可理喻的猜忌。如果這是一段可以開誠布公的關係，兩人都願意多探索自己一點，也想多透過對方理解另一個人的生命經驗，沒有誰優越於誰的地位，也沒有誰權力大過於誰的問題，僅僅是希望透過一段真誠坦然的關係，讓彼此有機會都能夠趨近自己的完整，也有機會療癒自我的受損（特別是自尊受損、自我價值感低落及自我認同虛弱等問題）。那麼，往內探索及面對自己防衛機制一直拒絕和迴避的早年傷害，說出那些痛苦及可怕的記憶、認出那些痛苦及可怕的經驗如何制約和將自己置放在受害及受苦的位置上，並反覆投射於外在關係中，就會是親密關係中得到愛的接納和理解的過程，能感受到和另一個人沒有防衛的親密和信任，相互的支持及修復，進而與自己也經驗到完整的親密和接納。

然而困難在於人的不成熟防衛機制或是神經症防衛機制皆是相當固著、偏執及難以鬆動的。在自我中心下，人們太相信自己過往的恐懼和驚嚇經驗，也奮力強烈地想避免，腦子裡的運作牢牢抓住過去的可怕感覺，還加上反覆回想加深了反芻的深度，被那些可怕的感覺抓住、困住，怎麼也不相信長大後的自己有能力（ability）及能量（power）可以開創新局面，可以學習及重建新的處理方式，特別是與人的親密關係上。

但是，只要有一個機會，不論是短暫或是較長的關係，能讓我們經驗到回到客觀事實的世界，真實地認識自己和另一個人的多元面貌，不再自顧自地對號入座，同時強迫對方擔任自己設定好的生命腳本中的角色，例如自己寫下要當悲劇英雄的腳本，就會把對方扮成加害者和背叛者，指稱對方在關係中都在令自己受害，彷彿自己對關係中的受害或受背叛都是無能為力的，只能反覆受苦，以符合潛意識裡「悲劇英雄」的設定。即使對方在關係裡也有他的狀況、他的劇本、他的各種面貌浮現和他的痛苦和傷害，我們都無力彼此看見和對話，也就難以澄清和提出，進一步地從彼此內心更深處，開啟了解彼此過往生命的深度，成為真的懂對方和自己走到如今究竟背負了什麼、承受過什麼，因而成了親密且具有堅韌的關係。

主要課題與任務

建立正向有意義的親密關係

成人初期心理社會發展的正面效果，是能組成密切且具有深度信任的關係，亦能和重要他人分享及連結內心真實的情感。

這一段發展歷程最大的障礙，就是童年的依戀關係型態，需要能具有安全且信任的依戀關係、經驗過安穩的情感及生活關照，並和幼年最重要的他人（爸媽或主要照顧者）發展具有親密情感，同時保有個體成長空間，不會被愛和照顧吞噬而感到窒息或退化為拒絕長大的情況，也不會受冷漠和忽視的打擊，而提早感受到被同類拒絕的痛苦，才有機會順利地進入成人期，開展以安全、尊重、信任、支持為情感基底的親密關係。

基本上，童年五歲前和主要照顧者建立的依戀關係品質若是「安全依戀」的話，他在後來其他人際關係上較能發展健康合宜的友好關係；再到成熟後的親密關係時，就能具有成人自處能力、調節情緒、發展健康的身心與人際，和另一個人建立友善關係、和諧相處、良性溝通，營造具有正向情感基礎的關係。

若是兒童時期經驗到的關係形塑的是「焦慮依戀」或「逃避依戀」的模型，那麼在進入具有親密度的關係時，就會自動產生「焦慮」或「逃避」的反應。前者是追討關係、不滿關係卻執著關係，因而產生控制、威脅和勒索的行為；後者則是極度害怕關係的傷害和控制，自動斷掉所有對關係的需求，拒絕接受任何關係的付出或靠近，以保持絕對的獨立自主。當然這種獨立自主不是身心安穩有力量的獨立自主，而是掩飾恐懼、不安和驚嚇的假性獨立自主，其實是封閉及退縮的自我。

你如何自我觀察自己的依戀型態是屬於哪一種模型呢？你可以試著聚焦觀察你安撫自己的方法，通常你幼年時如何被安撫、被對待，就會成為你如今習慣對待自己或安撫自己的方式。

如果你小時候出現情緒不安穩的困難或情感需求時，是以餵食當作安撫，那麼你現在情緒不安穩，需要情感調節時，你就會以食物來做安撫，而不是以情感自我安撫。因此情緒性飲食——類似暴飲暴食，就容易成為你安撫自己和照顧自己的方式。

如果你是被給予物質以轉移情感的需求，那麼你現在就會以購物、依賴擁有物質來安撫情緒。

如果你是被責備和威嚇來制止情緒需求，那麼你現在就會以自責和恐嚇自己抑制情緒、忽略自己的情感需求。

當你有情緒困擾或情感需求時，若都被冷漠和隔離以待，那你也會以冷漠和自我隔離——類似麻木、無感來處理自己的情感需求。

過去你能被好好理解需求和回應的經驗值很少，這會影響你對自己的接觸和同理的深淺度，例如很快地跳開感受自己，把自己當成問題和麻煩，同時用各種轉移方式作為安撫，讓情緒只能自顧自地發生，卻始終是你最無力、最困擾和最想迴避的來源。那麼事實上，即使你現今已成年了，你仍是難以統整，真正地以情感善待和關懷自己，更不用說要能善待和關懷自己。

然而，當你已經成年了、無足夠被關懷和照顧的經驗來滋養你成長茁壯，而是帶著一身的匱乏和空洞進入成年期，想找到一個萬無一失、十全十美、理想美化的人來照顧你、餵養你和滿足你時，那麼你將會退化成為過往沒有得到情感安撫和滿足的孩子，嗷嗷待哺，這樣是無法有能力和健全的身心來和另一個人建立正向有意義的親密關係的。

完成分化，才有機會成熟，才能勇於親密

關於建立親密關係的任務，較妥當的情況是，一個人成長過程經歷過愛與關懷，得到適當的照顧和引導，具有健康的自我觀感和自我認同後，肯定和欣賞自己，並視自己為一個有能力、有價值參與社會的人，對自己有基本信任和愛，那麼這樣一個具有能量和健康的個體進入親密關係後，才能在真誠一致、身心健康不缺失的情況下，和伴侶相互尊重和欣賞、平等對待和相互支持；而不是因為內在的匱乏和偏失缺陷，去利誘及操控另一個人來滿足個人的無盡欲望和生存需求。

雖說個體化完成是一輩子的事，但完成基本獨立能力，不論生理或心智年齡都訂在二十歲，那麼一個二十歲的人，要進入屬於自己的生活世界前，他需要經歷一連串身心和原生家庭分離的過程，這一段身心分離是確認一個人作為一個「獨立」的個體有其獨立的系統和運作過程。身體方面，我們不可能永遠待在子宮裡、不離開母體。我們要成為一個獨立的生命，在孕期結束後就需要

離出母體，透過自己的身體機能運行，靠自己呼吸、吸收養分、成長茁壯。即使在嬰兒時期還無法自行行動、打理生活，但身體還是無法一直依偎在母親身上，母親總有放下我們的時候，因為母親也有她自己的身體需求必須照顧和滋養。因此，我們慢慢學會懂得照顧自己的身體，善用及關照自己的身體，畢竟身體是我們成為獨立自我的重要載體，沒有健康且活力充沛的身體，一切的願望、計畫和行動都將變得渺茫。

心理也同樣需要分化的歷程，從父母灌輸及建構的運作模版中出離，重建及獨立化自己的心智運作系統。你的心智不是附件，也不是永遠作為子系統，你要獨當一面，要能建構自己內在的生存安全感，這些都需要你的獨立思考和情感運作系統發揮功效，能積極有行動力地和外界合作、連接和共享。

一個在心智上時常將「我爸爸說」「我媽媽說」掛在嘴上的成年人，無法把自己視為一個能為自己所言所行負責的成人，他仍然坐在孩子的位置上，需要將父母權威放在內心的領導中心，作為自己的指導來源。他不太敢運作自己的思考和感受，因為一旦啟動自己的思考和情感，都可能和父母的價值觀與行事作風不同，那麼他的不同，不僅會被自己視為背叛，也會被父母視為不忠不孝。因此，一個要把自己當作永恆孩子的成年人，是無法真正成熟的，也無法獨當一面、在方方面面透過自己的身心磨練和探索鍛鍊自我，成為一個有能力也有承擔力的成人，能真正地照顧自己，也能開始貢獻於世界。

當一個人在心智上、心態上，都不願意承擔自己的獨立運作，仍想依附在父母或任何權威者身上時，勢必會阻礙他的成長和發展，在要與另一個生命建立和經營深度的情感關係時，也會形成障礙。當他無力和另一個體建立關係、培養默契和創造安全的關係品質時，就會像一個受挫的孩子，轉頭又去尋求父母的保護和撫慰。即使父母權威給予的是負面安撫（責備、謾罵、羞辱、批評），還是會讓這類停滯在孩子心智狀態的人感到熟悉而安心。

學習「平等尊重」的能力

要和另一個「人」真正建立關係並不容易。我特別把「人」引號表示，是因為多數人在建立親密關係前，並未真正地領會自己要和另一個活生生的人相處，不僅容易將對方物化，把對方當作理想化的對象來期待，還容易設定對方應該負責滿足自己哪方面需求，接受自己所投射出各種未滿足的匱乏。

由於我們在原生家庭時，即可能是這樣被單方面對待：當完美小孩的期待和要求，拚命要達成父母的設定和家族的任務，至於我是什麼樣的一個人、有什麼感受、有什麼想法、有什麼價值觀或信念，甚至我究竟想成為什麼樣的人，這些都不重要，也沒人關心和陪伴，當然也無從談論和對話，更不用說能被傾聽和好好回應。於是，我們很容易覺得掌握關係的主導權之後，就有權力可以複製這種任意對待另一個人的方式，單方面期待和要求，來滿足自己的欲望和各種需求，就像父母要求我們符合和服從一樣。

然而，親密關係不是如此。親密關係是人生少有的特殊緣分和情感，具有一開始的激情，到後來的相互承諾和共創親密感的過程，這樣的情感關係不是在隨便、滿不在乎、不用心就可達成的，反而需要攜手共進、滾動式溝通和調整，還需要雙方同時具備意願和情感投入的能力。

沒有敞開、付出自己的意願；沒有開放、認識另一個人的意願，所謂的親密關係就有可能只停留在表淺、激情的階段，各自失去熱情和動力後就散了。因此，雙方究竟有沒有真誠以待的心，是否有意願共同為關係付出和彼此支持，就會成為親密關係品質走向的變數。

另外，關係是很容易牽扯權力和地位的一種情境，只要人在關係中，不自覺地就會啟動階層高低及權力鬥爭的模式，畢竟我們在家庭的塑造下太熟悉這種運作，一不注意就忘了初心，迷失要建立親密關係的初衷是什麼，反而在親密關係中逞凶鬥狠、彼此挫敗和相互攻擊，為了證明自己的自尊勝過另一方、權力大過另一方，直到兩敗俱傷、不歡而散為止。因此在關係裡，我們需要注意到自己的「心理地位」狀態，也觀察對方的「心理地位」是如何影響兩人的互動歷程。

「心理地位」（出於人際溝通交流分析理論）常是生活中一個人對待自己和對待別人行為態度和姿態的出發點，有幾種類型：

①**「我好，你也好」**的人，能夠自重也尊重他人，懂得合宜舒適地對等互動，創造共好互惠的合作關係。知道自己的優劣勢，也知道他人的優劣勢，能在自我接納中也接納他人的不完美。因此，能自我鼓勵也鼓舞他人，一同合力分工，創造互相扶持和貢獻的生活目標。

②**「我好，你不好」**的人，常在關係中把對方放在比自己低下、差勁、沒用、弱勢、鄙視的位置上，以自己高高在上的姿態，去要求、指責、批判和糾正別人。因此，讓關係處於緊張、壓迫和控制的情勢中，剝奪和耗損別人。屬於千錯萬錯都是別人錯的類型。

③**「我不好，你好」**的人，則是把自己壓低，把別人置放在高等、優越、

權威的位置，以崇拜、順從、討好和依賴的姿態，想求得上位者的提攜或照顧，或是能減少對自己的批判和指責。然而，因為心理地位的卑微，時常產生內疚和自責。別人還未說什麼，就開始批評和質疑自己，屬於千錯萬錯都是我不好的類型。

④**「我不好，你也不好」**的人，則是對自己充滿負面感受和評價，同時也厭惡他人和環境。對自己極為不滿，也覺得他人十分可惡。因為內心受過許多的痛苦及負面影響，感受不到任何可以改變和接受的地方。這樣的情況，不僅造成自我厭惡，也會時常埋怨周圍他人，覺得周圍的人處處都令他失望和厭煩。

心理地位高低遠近的距離狀態，除了影響我們的自尊、自我認同，也影響我們和環境互動的姿態和行為，更會影響界限的設立——是否能順利建立一個具獨立性自我能力的人。若能意識到自己「心理地位」習慣性的擺放狀態，不論是否會不自覺投射別人的地位高低，以及預設自己的地位高低，都可以試著在心理意象上，先平等看待兩人的「價值」，減少關係看低或抬高的防衛模式，而把焦點放回到人與人的價值上：我們都是平等的，也都有各自的價值和優勢劣勢。

你可以時常練習平視的心理角度，既站挺自己、不矮化自己，也不抬頭看他人，免得總不自覺地仰望別人，而讓別人有權利對你頤指氣使，使自己莫名就在關係中採低姿態、卑躬屈膝，造成他人不顧後果地任意踩踏你。能安穩自己價值的人，才能不自主啟動以高低視角來看待自己或別人的防衛性互動。

因此，雖然我們都知道在親密關係中要建立平等尊重的共好關係，但實質上，我們內在運作因為受到自動化制約的影響，和未充分覺察的心態，甚至從未認真面對自己的早年關係創傷和陰影等，都可能累積成巨大的阻礙，讓人無法跨越自我的邊界，走向外在的真實世界，去遇見另一個真實的人。

不足與缺失的後果

社會疏離、人際孤立，深沉的孤寂感

人到了二十歲，也就是前面已經累積了二十年的生命經驗，不論是有所影響的、受制約的、塑形的框架（主觀的形成）大致都底定了，後面的人生，就要看個人的啟發和啟動性有多少，是否能自覺和自我學習、自我修正及重建曾經受過的影響，包括曾經受過的創傷、失落和缺失。

當人未能啟動自覺的領悟力，以反思看見及面對自己的形成，他就無從意識到「自我」何以長成如此？哪來的影響？哪來的塑造？你會看見許多人對於面對自我感到無能為力，沒有知識理論和方法來整理自己時，他最快的反應就是：「不要想太多」「幹嘛去想那些已經過去的事」或是：「面對那些又不能解決什麼，多此一舉」。在這些反應裡，你可以看見及感受一個人多麼迴避自己、忽略自己，他拒絕接受去感知自己、了解自己，關於他這一個人，他不僅未有關懷的意願，更多是滿滿的嫌惡和躲避。這樣一個個體在「發展親密關係」的心理社會發展任務上，將會充滿障礙，導致的是社會疏離、關係疏離、人際孤立，累積厚重的孤寂感。

當我們尚未能透過安全、穩定的依戀關係，進而發展為成熟的自我，並朝向獨立自立的路程進行時，我們會難以扶持自己、承載生活的各種考驗和難關，於是需要尋找依附的對象，以投射寄生自己的無助、空虛或茫然（無論是人、事、物質，或是虛擬的互動）。無法避免地希冀透過依附的對象，回饋及提供內在需要的安撫和支持，以讓自己維持某些心智功能，日以繼夜地面對現實生活的難題和所引發的恐懼。

有基本信任能力的人，能試著透過自身的安全感和調節力，去連結與維持和依戀對象的關係，在穩定的自尊和自我價值感中，在關係中相互學習和扶持，建立具有滋養性的關係，促成內在的成長轉化、提升。但失去基本信任的人，在安全感難以建立的情況下，對於背叛和拋棄極為敏感而難受，雖然仍希冀有情感依附的需求，也渴求被安撫和調節，但內心卻以「不信任」為基礎，對於周圍接觸的人以及自己欲依附的對象施以控制、支配和威脅，以防自己所預料的遭受背叛和傷害真的發生。

產生控制、威脅和勒索的行為或假性獨立自主

明明想靠近，卻出手傷害；明明想獲得安撫，卻猛烈攻擊。這種矛盾而衝突的行為，反映出個體內心的脆弱和不安，也是他內心的抑制，越是趨近可能會碰觸內心的脆弱與渴求，對外的攻擊力越強（必須推開）。

如此，便可迴避感受到內心極度不舒服的焦慮，也可以不需聚焦在內心

的殘缺和不足。只要把會引發焦慮情緒的人消除或壓制，就不需面對任何的痛苦。當然，就算控制得了一人，也控制不了全世界。即使內心充滿憤恨和失望，只要不是往內修復基本信任能力，及面對曾經不安全依戀關係所造成的傷痛，那麼以為尋尋覓覓會有一個始終不令他失望、挫敗、恐懼、不安的完美理想對象，終究是一場必然破滅的幻想。越是偏執的防禦機制越根深柢固，越想全世界符合自我中心的設定，完美符合期待，反而會因為不斷落空，感到憤慨。

接納失落和脆弱的存在，才能調節心理的狀態。安內才能展外，內心有了安全感，並具備建立信任關係的能力，我們才能真誠建立真實的關係，接納真實的彼此。

有安全感品質的關係，是能承認脆弱和接觸真實的內在。承認脆弱，是接納自己的不能和限制，真誠地接納自己需要他人支持和關懷的事實，也能放下執念，不固著在自己的自尊和面子上。害怕坦承自己的有限和挫折，反而更膨脹自我或假扮自我，帶著偽裝的自己在關係裡，讓人無法真實接觸和理解真正的自己。

在關係裡的防禦動作越多，越不安全。當關係裡充滿不安全感，就無法累積情感深度，而成為走在鋼索上的關係。弱勢控制就是一種走在鋼索上的關係，強硬扛著自己的面子（空虛自我），用著強勢的態度控訴自己的被虧欠，指責他人的辜負和無情無義，以關係裡的受害者之姿，強行要他人照著自己的意思，滿足和符合自己的期待，以避免自己的落空和失望。透過以情緒表達自己的不滿和怨懟，行使控制關係的欲望。

我們從小到大都太習慣聽到這種以控制的態度和語氣，訴說著自己的被虧欠和不滿，然後被那不平和埋怨的口吻驚嚇。然而即使很受驚嚇，卻在渾然不覺中，也在關係裡慣用這樣的態度和語氣，只要讓我感到難以調適的，或是覺得被辜負和不受重視，這些控訴的行為就會自動發生，無法抑制地爆發。

承認脆弱，是表達我們身為人會有的體會和感受，是往內觸摸和向外坦承的過程。弱勢控制，卻是出於拒絕接受自己，特別是感到卑微和難堪時的忿忿不平，但內心其實已經定義自己為丟臉，然後基於對自己的敵意太難承受，而開始向外攻擊，把敵意外拋於整個世界。所見之人、所到之處，都深深痛惡，覺得自己是最受惡待的那個人，非要這世界照著我的意思，給予我所要的。

自尊是一個人安穩內在很重要的基礎，然而因為自尊的薄弱，常受扭曲而難以恢復，變成誇大了自尊的需求；時時刻刻執迷自尊、產生過度反應，則可能把我們自己扭曲，也把外界他人扭曲，再也看不清客觀真實。

接納自己的人，才可能接納自己的每個經驗，並試著體認不同面貌的自己。即使是脆弱、傷心、挫折和沮喪，也不排斥和怨懟自己，再以強勢的姿態要控制別人必須全如己意，免得自己又要碰觸內心所不喜歡、排斥的自己。

通常容易和別人對立而衝突的人，與其說是被這世界拒絕，其實從最根本拒絕自己的人，恐怕是那一個非要完全得到控制、得到完美和滿意的自己，所製造出來的敵意和憤恨。

強迫自己和強迫別人，都是失去彈性調整力的僵化心理狀態，困住我們的是內心的框架和設定。先與自己和解、和好、修復自我，才可能擁有真正的安全感和親密感。

我們必須很清楚地認知，想透過親密關係依賴和索求是無法建立真實親密感的。真實親密不能有絲毫侵蝕、吞噬及操控的行為，連一點曖昧、慫恿的跡象都不行。當負面關係操控行為發生，就等於已經寫下消耗和毀滅的腳本，將會往關係的痛苦及傷害進行，直到關係結束那刻。

✦小檢測：當你在安全的親密關係中

1. 你可以接觸真實的自己
2. 你可以自在表達立場和想法
3. 可以坦承自己的情緒感受
4. 不需假扮自己是另一種人
5. 會讓你對未來感到希望
6. 你會有動力學習、成長、實現自我
7. 你知道自己能袒露內在狀態，並獲得接納
8. 你知道在關係中你可以付出，也能安心接受
9. 你不用擔心不被尊重
10. 即使親密，也能維持個體界限

自　我　評　量　表

【親密能力】不足自評表：

自評這些現象是否發生，或內在是否出現這些感覺？陳述句越符合自己的主觀感覺，親密能力受損程度就越會影響自我與社會環境的互動關係。

□ 當別人想要靠近我或是了解我，我會感到極度的不安和焦慮。

□ 對於別人無法理解我，及照著我的期待，我會感覺到強烈的失落及憤怒。

□ 對於別人的想法和感受，並無興趣了解，覺得溝通是很費力和耗能的事。

□ 無法和重要關係的他人在同一個空間下感到放鬆，以及安心。

□ 為了避免受傷和失望，我寧可不要投入任何一段關係裡，務必保持距離。

為自己培養及完成課題

換位感受，理解他人的觀點和感受

成年期最大的不同，基本上是能夠離開自我中心，以多角度的位置進行多角度的觀點思考和理解，這是社會人際運作非常重要的能力：「換位思考」，並且能「換位感受」，試著離開自我中心位置，進入別人的位置和角度，理解他可能會有的觀點和感受，並產生尊重的態度。

這是建立良好互動關係的基本能力。這需要關係中的雙方都具有這項能力，才能共創正向有意義的互動。缺失了這項能力，那麼無論關係時間拉得多長、在一起的年數有多久——就像我們和家人一樣，即使相處一輩子，也可能是最熟悉的陌生人，根本無從去感受和另一人之間的情感交流和相互了解。

要和另一人建立正向情感的關係，除了我們內在要有滋養正向情感的能力，好關係最寶貴的要素是：「尊重」和「理解」。這兩個元素都會讓我們對另一個人抱持更多友善和靠近的意願，願意傾聽而不武斷、願意理解而不批判。

然而，就如前面所談論的，關係的困難在於彼此的框架差異很大；畢竟成長歷程、認知建構、情感經驗，以及所有生活經驗都是不同的，如果沒有「尊重」和「理解」，人根本上會把自我主觀的生活經驗當成這世界的標準，也以自己最慣性的思維和感受當作唯一真理。你會看見有人只要在關係裡，不論是親密關係或是一般人際關係，幾乎沒有同理心的能力，更是時常發表主觀的言論，隨意地評價和批判別人，不只簡化標籤別人，更是時常訓斥別人。對這樣的人而言，即使進入所謂的親密關係也一樣，只要和人交往，是很難創造安全及信任的關係，也不用論及到「親密感」了，他要的恐怕會是控制關係和利用關係，而不是真的學習和另一個人真實相處及學會相愛。

關係也要減少二元對立的習慣

自我中心的人，什麼都以自己為基準，用自己的標準去要求身旁的人。當他沒有耐心時，他叫你快一點；當他沒有氣力時，他叫你慢一點。當他對世界無感時，他覺得你無聊；當他對世界充滿需求時，他覺得你給予太少。

很難離開自我中心的人，也會很難看見別人的存在，及理解別人的狀態，一切的出發點唯有他自己，必須以他為主。

當一個人有能力真正離開自己的主觀中心，進入客觀地認識及看見另一個人時，他才有真正的能力建立真實的互動，產生真正存在的關係。否則也都只是自己的角度和內涵，所投射出去對他人的要求和評斷，並沒有實質能力真正和他人對焦和雙向互動。

這是關於成熟度的表現。不成熟的人，只能以自己的角度去要求世界符合自己的設定和需求。有成熟度的人，才可能從對方的角度和立場，去理解和辨識對方傳達的意圖。進而明白這世界的多角度和多立場，於是，能好好地聆聽，也好好地表達及對話。

從幼兒時期的自我中心，到能夠進入關係、經驗關係的課題，自我覺察和理解他人的客體存在，是同樣重要的學習。當我們能移動主客觀角度，才能完整的思考和感受在關係之間的各種微妙歷程。

有人可能會問：那自己如果快不了，需要慢一點，難道都不能提出嗎？

有沒有發現這樣的思維，很習慣陷於二分法、二選一當中？要麼就依照我，不然就依照你，在你與我之間，既沒有協調性和合作性，也不需要溝通對話。

關於這個問題，當我們有需求時，若不再以命令和指使的方式，那你還會知道如何和另一個人溝通和協調嗎？

事實上，有好多可能性及不同的行動選擇，可以嘗試幾個選擇：

①覺察自己需要慢，告訴對方自己需要慢，但尊重對方可以用他的速度繼續進行。

②覺察自己需要慢，並詢問對方是否可以慢一點？因為你似乎跟不上，然後尊重別人的回應及決定。

③在覺察自己需要慢的同時，也保持理解他人為何需要那樣的速度，他或許也有他的原因和需要，那我這邊還有沒有可能調整的空間。

不論選擇的行動是什麼，重要的是，不是理所當然地要求和指使別人，或慣性壓抑自己，那都是失去了尊重，同時剝奪他人或自己的主體存在。在關係中，知道兩人都有「主體」是重要的概念，不會厚己薄彼或厚彼薄己，理所當然地弱化一方、缺少關照，如此才能真的在關係中，培養感情、建立情誼。

別錯把角色當成真我

大部分的人在人生裡，往往會根據他的生命框架和經驗，設定他自認的角色和任務：

有些人，做「權控者」；有些人，做「批判者」；有些人，做「無為者」；有些人，做「優越者」；有些人，做「受害者」；有些人，做「拯救者」；有些人，做「服務者」；有些人，做「照顧者」；有些人，做「治療者」；有些人，做「順應者」；有些人，做「逃避者」；有些人，做「執行者」；有些人，做「犧牲者」；有些人，做「對抗者」。

然而，當一個人把角色設定當作唯一自我時，他既被角色框架，也被角色凌駕，一切都受這個設定角色的影響和驅使，而無法自由自在地選擇自己的生活和決定。

他只限於「角色」，也陷於「角色」。他不是他自己。

他只是他認同也自以為必須做這樣「角色」的一名演出者，同時也勒令他人應該符合什麼角色的設定。於是，他是無法有自主和自由選擇的意志和權利，因為只要不符合「角色」的設定，他就拒絕、反對和感到很不舒服，內心衝突而拉扯。對有些人來說，人生的框架讓我們演繹完一種人生，卻是一個自己怎麼都不喜歡、不滿意也充滿委屈和憤恨的人生。

生命走到一個時期，你勢必要能卸下角色、走回真我。一個多面向、多樣性、多元的自我，能朝向對自己的探索和整合。即使這段歷程並不容易，卻是我們生命走到完成終點時刻，最重要的尋回。

在親密關係裡，我們皆有如此的渴望：「卸下角色、返回真我。」雖說如此，但對大多數的人來說，在建立親密關係的年齡，對自我還未開始充分認識和探索，也不一定學習到認識自己的方法，就帶著一個未知的自己、不熟悉的自己，開始進入親密關係，是一項困難的任務。於是許多人還是以「角色」進入親密關係，不論自居為「強者」對應「弱者」，或是「拯救者」（英雄）對應「弱者」（受害者），還有一種「控制者」對應「順從者」……等等。我們也未能領會在親密關係裡，如何在彼此的真誠和接納中，更多地回歸真我，領會由兩個完整獨立的「我」，所建立的親密、尊重、支持的攜手關係。沒有既定的套路、既定的版本、既定的角色分配、既定的演出，而是兩人一同的創造和真實經歷當中的挑戰與共度的生命體會。

當我們個人心智和性格未成熟時，拘泥於角色和理想化形象時，我們也會去尋找同樣品質的伴侶或朋友，物以類聚。沒有成長的共同頻率和生命品質，就無法建立有意義和正向發展的關係，所以難免會遇到消耗、利用的關係，也會遭遇到關係來的傷害和粗暴。

但每一段曾經相遇、靠近的關係，若還是給了我們勇氣去回看自我，去審查自己的內心那些隱晦不明的欲望（權力、性、金錢），即使關係未能相互扶持到最後，或事與願違地不能經歷到相愛的關係，都仍可以從中審察自我狀態和成熟程度，觀察自己是如何進入一段不成熟的愛戀關係？又是如何天真地幻想親密關係的樣貌？

只要真誠面對自己，即使親密關係的發展過程會受挫，卻也可能終於透過失戀的傷痕看見內在的自我——那曾經傷痕累累、遍體鱗傷的早年自己，看見自己如何背棄那個以為不夠好的內在我；自己不願先靠近、親密、信任、和好，卻幻想有一個人在這個世界出現，來拯救那可憐及悲傷的自己，與自己共生不分離。但這終究是一場幻覺，因此也就有幻滅的時候。

作業練習

理解和同理世界是多人的主觀所構成

練習換位思考和感受，才能離開自我中心

練習換位思考及換位感受都需要有一種「代入」的過程，又像是附身在另一個人身上的感覺。像一個替身要去扮演一個人的身分，必須花時間觀察對方、了解對方，知道對方的行為背後可能產生的思考歷程及感受，又因為什麼樣的因素和背景有那些舉動和反應。就如演員要演好一個角色、不讓觀眾出戲，就要將自己與角色融為一體，不讓人感覺到他還是原本的那位演員，假扮的感覺太明顯。

當然，我們在換位思考的練習上，不需到專業演員的境界，必須和自己分離出那麼遠的距離，我們只需要稍微離開自己的本位，不

再以自己習慣的認知和情感去解讀另一個人，而忽略我們畢竟不是對方，需要留一些空間去了解及體會對方的經歷和感受，才不會過於自我中心、武斷。

這樣的練習也可以讓我們的思考靈活，不會時常陷於狹隘的主觀，忽略這世界是由多人的主觀所構成。我們有自己的主觀，他人亦有，別人並不會都如我們的主觀一樣地思考和感受，我們需要多些聆聽、理解和感受，才能真正明白別人的主體經驗究竟是什麼。

若沒有發展這樣的能力，那麼在關係中將很難對焦，也很難具體回應，會出現各自表述、各自談論的現象，卻未真正在進行溝通。各自自我中心的解讀和判斷情況多了，那麼誤解和溝通的阻礙也會越積越多，最後成為消耗彼此的過程。無效溝通越多，人就越拒絕溝通，覺得講再多都沒用，那麼關係其實也不再累積深厚情感，只會走到無話可說的地步。

在關係中「互爲主體」的練習

有基本成熟度的人，才可能理解世界上不是只有自己重要，別人亦是重要的。對一個孩子來說，生存獲得資源和關注是最重要的，容易把自己看得最重要，沒有能力去關懷和重視別人，孩子大多處於等待被關懷、被給予的位置，沒有足夠的能力和資源去關懷別人。

但是，若我們已經成年了，基本上在過往二十年被養育和培育的過程，獲得社會上許多人共同提供各種資源、養分、活動、培育、訓練，都是希望當個體成長到成年時，已經具備基本能力和態度去迎接和面對外在世界的挑戰，有能力去爭取機會、工作、累積經歷，逐步打造自己未來想要共同生活的關係及想過的生活。

然而，一個情感能力不成熟的人，他們還未有基本能力照顧好自己，反而還將個體大部分需要獨立承載、調節、運作的內在功能外拋於外界，要外界時刻供應及安撫。這樣的個體進入關係時，並非真的意識到他在與另一個「人」交往和學習相處，只是將對方物化，當作一個供應器和解決自己問題的工具。以下是他們的特徵：

◆他們的行為和思維與孩子相似，很衝動，容易觸發強烈激動的情緒反應。
◆他們很容易防衛，即時時需要安撫。
◆時時以自我為中心，以致人際關係是片面的。
◆他們在真實／感知的衝突中表現出不健康的反應，例如：否認、說謊、指責、欺凌、迴避、攻擊、不信任、辱罵、敵意、發脾氣。
◆他們不承擔責任，怪罪別人和環境。
◆可能使用不健康的應對機制，例如：過度冒險、藥物濫用、暴飲暴食。
◆他們絕不尊重他人的界限。
◆他們將一切都認為和自己有關（例如：那個人不笑，一定是對我不滿）。
◆他們缺乏對他人情況／觀點的理解，也無法了解與分析客觀事實。

若要在「互為主體」的課題好好學習，最基本的是能對「人」好好認識及了解。除了需要探討人性，知道人具有生物性機制，也有思想和情感，更有性格的養成和人格的形成，才能充分地體認到另一個人是「完完全全不同的一個人」，不是你的延伸，更不是你內心劇場的幻想人物，你是不能左右、藉著各種行為去操控的。

如果有這樣的認識，你才能真正以開放的心態和眼睛，去看見另一個人是他自己，有他自己的主體，如同你一樣。

未成熟的人或分化不完全的人，在互為主體的課題練習上難免有困難，因為還不能完整地分化出自我獨立的個體性，如此一來，就會影響對他人個體性的接納和理解。

我們若能了解到人皆是獨特的，每個人都有權利過他想要的生活，無法要求別人都以自己的框架去過生活。過於干涉和評斷另一個人的生命，不僅是主觀地以自我為中心，忽略了這世界上的人本來就形形色色，生活在不同的地方、環境與角落，有不同的生活經驗和長久的塑造，怎麼可能都照我們所想的、過我們所認為的正確人生、有我們所認定的該有模樣?!

學習互為主體的關係，才能練習平等而尊重的態度，在關係中創造良好互動，保持空間去了解另一個人。越是離不開自我中心的主觀投射和評價，忽略他人的主觀存在，兩方就越是爭論和競爭，無法透過關係去經驗與人相處、互動的美好，那生命終究是孤寂的，建立不了任何真實的親密關係。

| Mission 7 |

生命第七任務

實現自我價值，誕生心靈的力量
——中年的生產或停滯

心靈沉穩健全或剛愎自用？

要讓自己的「自我」茁壯沉穩，除了生活經驗的歷練，另外就是積極學習和自我訓練。無論是關於生活處事的各種能力和知識，或是自己專業領域的知識能力和處理經驗，只要「保持學習」，都是在增進我們大腦神經元發展，同時也在滋養個體「自我」的精神獨立。

停止學習、停滯成長，個體的身心功能將因此停滯或退化，更常發生的是無法因應生活的各種問題和變化，不僅思緒僵化，受內在制約桎梏，也缺少因應的靈敏力和彈性度。

保持學習，也是保持思考，同時感受覺察自己和外界之間的互動歷程，隨時保持自己的調節和平衡。在客觀方面，釐清實際情況；在主觀方面，了解自己的動機和限制，並盤點整理可以面對及解決問題的各項資源。

走至成年中期，大致可界定在三十五至六十歲，是生命力發揮極致的階段，是猶如太陽一樣發光發熱、讓眾人看見的時刻。這時期的成年人，身心發展已度過兒童期的成長、青春期的性徵遽變，和成年初期青年階段對親密和愛的追求及渴望，到了三十五歲後，走入了社會，成為居於社會運作的中堅分子。這時的人們會希望從社會的成就和表現上，體會到自己安身立命的選擇（工作職場）是有意義的，不僅能提供給他們熱愛家庭、關懷社會的資本，並願意對社會有責任感和正義感。發展順利者，可能投身於改良機構、改造社會的志業，或者也能在工作中得到自重他重、敬業樂業的成就感。

若發展上出現障礙，對自身的存在不具有正向意義，則可能淪陷於生物性的需求，只求滿足個人的私欲私利，不顧及社會的他人，也不關懷家庭及社會。

傾聽自己內心的召喚，體會一個真心實意的自己

精神治療醫師、心理分析創始人榮格（Carl Gustav Jung）曾說：「每個人都有兩次生命，第一次是活給別人看的，第二次是活給自己的。」第二次生

命常常從四十歲開始。人進入中年時期，已歷經一大段時間，嘗試適應外部環境的各種要求，以獲取各種條件，有了學歷、證照、獲取社會身分和頭銜，讓自己奠定生存能力，達到生活無虞。走在青少年時期，人一定會對物質有無盡的興趣，也十分在乎社會的評價和認同，特別是避免不了要用表面的、條件式的物質（金錢價格）來衡量自我的價值和地位。到了中年，有了工作年資和升遷的證明，某些人生成就確實達到，此時人們可能突然感到乏味、無意義，也覺得生活突然沒有了目標、沒了興趣、失去活力和衝勁。

有些人到中年過後，體會到老年和死亡的近逼，開始對疾病和死亡感到焦慮，更可能必須面對拚搏、奮鬥後失去身心健康的問題：罹患慢性疾病、體弱氣虛、自律神經失調、綜合性疲勞症，或是眼力耳力退化，各種生理功能失調失衡，著實讓人感慨萬千；意識到多年來的生活，可能是自欺欺人，也可能是過於勉強，自己的情感和興趣所投入的奮鬥究竟是虛假還是真實？會不會所扮演的社會成功人士，不過是一種偽裝？

當人突然意識到自己戴著的人格面具、形象包裝可能是對自己生命的侵蝕和危害，以致必須面臨一種無以迴避的消耗和吞噬時，這中年的覺醒或驚醒，是一波人生的危機時刻、挑戰時刻。

這屬於中年時期的生命危機，確實不是很好應付，若是無覺察、無感，或許就矇著頭把日子耗下去。然而對多數人而言，中年的生命危機時刻，一種前所未有的自我質疑和對生命的無望及消融感，可能讓中年人輕則抑鬱沮喪、低落無力；嚴重的話，精神崩潰和錯亂，出現人生低潮，想來個不告而別，自我放逐、生活出走，這都有可能發生。

此時，過去為了符合社會主流價值規範的面貌和行為，欲振乏力，過往強力壓抑的面貌、強迫去除的本我欲望，突然之間，壓不住似的從內心深處喧譁吵鬧，有一股「熱烈的動力」想要擺脫過往刻板、死氣沉沉的自己。這些反叛聲音會不停吵著叫著，想要做真心實意的自己，聽從自己內心的召喚，不想再因為那些別人說、別人要求、符合社會期待，而做一個假面且心力交瘁的自己。

如果，人們聽見了自己內心的召喚，在自己擁有的資源下，具有行動力自我改革和務實調動，建立真實想要的生活，體會一個真心實意的自己，就有機會煥然一新、精神奕奕，轉化為一個富於創造力和自發性的人，不再是聽命行事、隔離自我的那個人。他能擁有更大的精神能量，也承擔更大的生命挑戰，度過他掙扎、拉扯及煎熬的中年期，邁向自我更全面的整合。

主要課題與任務

重整和接納過往生命的影響，並支持與貢獻社會

中年的群體是社會的中流砥柱，能創塑、營造當下的社會風氣，也會影響未來的社會。在家庭方面，中年人的教養方式和孕育下一代的過程，影響的是二十年後的社會，那時兒女成人、開始進入社會，也就影響未來社會的價值觀、態度和文化。在社會方面，培養新手、傳承專業經驗，並把在社會上如何與人互動、合作、共同達成目標的經驗教導分享、培育人才，亦是一種把自身專業經驗萃取出精華，貢獻給投身的領域，使之永續發展。

成功發展的中年個體對自身的事業深具信心，也能在工作中，達成利人益己的目標。因為深知個人好、團體才會好；團體好、個人才能持續發展的道理，不會消耗社會和組織資源，只求滿足個人私欲的境地，卻賠上社會及他人慘痛的代價。

缺乏悉心關懷與培養下一代的同理心和仁厚之情，中年人極可能一碰到權力、金錢和性等欲望時，就失去了中心思想和價值觀，淪落為出賣靈魂、追求欲望的貪婪者和掠奪者。這方面還是考驗著個體從小到大的成長環境和歷經的際遇，到底塑造了什麼樣的價值觀和形成哪樣的人格。而關於權力、金錢和性等欲望的構成，涉及每個人內心的潛意識動力，還有內心的陰影，因此勢力強大，一旦人受欲望和陰影吞沒，「自我」也就隨之虛弱，無法再清晰地主管自己的意志，造成內在的自我分裂、散亂，而往黑暗墮落的方向沉淪。

關於中年的心理社會發展任務，實在不易，這個階段除了要重整過往生命所造成的影響，包括情感創傷、陰影、身心損失，接納統整進生命的整體，還要能參與社會，貢獻個人生命潛能及心力，支持社會的運作、為社會帶來繁榮的可能。也難怪，中年人的生命處境布滿壓力，如履薄冰，稍有不慎就可能跌落至自暴自棄、憤世嫉俗、前功盡棄。

榮格對於中年的轉化有一番見解，他認為這是人朝向完成個體化一個重要關鍵時刻，要通往一個統合、統一，獨立不可分的整體。他曾說：「你生命的前半輩子或許屬於別人，活在別人的認為裡。那把後半輩子還給你自己，去追隨你內在的聲音。」但什麼是「內在聲音」呢？這假設了每個人內在都能有

「智慧的牽引力量」，具有靈性的啟發，懂得校準心靈的偏差，活出真實自我。

阿德勒（Alfred Adler）的學說理論，則認為人格是個體獨特性與自我一致性的統一體。關於人性，阿德勒認為人既非善也非惡，是一個可以自我選擇善與惡、生活型態的個體。透過積極修正，使人能夠選擇充分發展自我的方向，達成自己生命所假設的目的。

中年發展期將近二、三十年，人們在這段時期成家立業，建構想要的理想生活，不論為了成立的新家庭，或個人的職涯發展，其現實的壓力和挑戰，都讓身心承受巨大壓迫，特別當發生非預期的意外及困難時，要保持好的身心能量因應、從容面對、理性處理，這需要足夠的自我關愛及復原力，還有過往生命累積以來的資源和社會資本，才能在一直支出身心能量的同時，不致掏空耗竭，還能持續保有正向學習力，穩定規律地打造自我。

在現代匆忙和重視效率的社會，大多數的人在四十歲前後就會明顯感受到身體機能的退化或混亂，也在這個時期開始有意識體會到自己的有限。年輕時，對生理資源的概念總是取之不盡、用之不完，不論是極度工作或是熬夜通宵玩樂，甚至各種酒精、菸草及過度飲食的行為也蠻不在乎，不認為身體需要承受什麼後果及代價。從健康信念和行為的研究來看，這樣的人從幼年即是被疏忽關照的，特別是生活中少有作息和健康飲食的照顧，可能家中父母也是過度濫用身體資源，或是過度消耗自己這一類型的人，孩子在成長過程中，自然會與身體的關係失聯，也無法確切得到身心健康素養的增進。

當我們談**中年是一個促進個體化的重要階段，也是自我發展獨立、合一、整體的關鍵時刻**，這無法避免地關係到生理資源和心理能量兩個概念。當一個人的身體虛弱、缺乏鍛鍊、氣力不足時，在自我的界限設立、自我表達及自我決定方面，都受體力和氣力的影響，包括認知的思考能力和情感的調節能力，同樣需要靠健康的生理提供精氣神來運轉和建構。你若走到中年，就必定能了解當你身體不適、體弱、頭暈和頭痛時，要做出正確的判斷和行為有多困難。

從某方面來看，中年的個體化和完整性，也讓我們把失聯的身體認回來，不再是把身體切割、壓抑和工具化，而對自己這尊生命的載體漠不關心。

啟動心靈的世界

中年不僅讓我們有機會將失聯的身體認回來，重新面對和身體的長久關係，也整頓長期漠視身體的後果，同時誕生了心靈，開始冒出了「生命價值和意義」的問題，試著尋找除了賺取金錢、獲得物質生活條件，還有什麼是不滅的價值、永續的意義？

此時的能量會轉換放在精神層面的意義和價值上，若仍沉迷於物質的獲取和享樂，將不利於晚年的生命發展，受困於物質生活的執著與沉迷，缺少面對往內修復的功課，則影響能否接納這一生的所有際遇和決定，整合為一個不再分裂和切割的自我。

你可能會看到身邊的人到了中年，開始接觸宗教、信仰團體，或是投入某些心靈機構的活動。人在精神方面缺乏依託、沒有核心的價值信仰，眼見自己的身體機能弱化，體驗到世事多不可控、不可得的遭遇，要單憑所謂堅強的意志和個人的能力來跨越風波、克服一道道坎，總是令人心慌、不安。若無可以依歸的信仰、信念支撐感到日漸衰弱渺小的自己，人們會在受盡折磨、歷經坎坷中精神耗弱，造成身心疾病。

然而，有些人無法追求心靈與精神方面的充實，可能在於過往長期困頓於生存需求及焦慮中，例如：害怕貧窮、擔憂無法飽食、住所顛沛流離、恐懼物質失落等過往經驗，以致受感官支配，更執迷追求口腹之欲、感官歡愉，卻忽略心靈的虛空、心理越感飢餓匱乏，就越貪求物質的囤積和購買，似黑洞般地無盡吸取。

若是物質生活的建立到了中年仍不見改善，無法打下基礎建立自給自足，同時能維持身邊的家人足夠穩定的生活，有些人就會把控制的欲望延伸到他人身上，想透過從他人身上取利，來支應自己的生活所需，這也是家家戶戶為什麼都有金錢戰爭和金錢遊戲的原因。為了內心的金錢安全感，甚至有人生活中緊盯著的就是金錢的數字和金錢的獲利，其餘的生活面向都排除，缺少培養。

中年是一生中最像騎士、鬥士的階段，鍛鍊身心為了建立自己的家園，保護自己重視與愛的人，在人生地圖上開疆闢土、挑戰險惡情況、戰勝所遇問題。但究竟是累積，還是消耗？端看一個人究竟只看見一個物質的世界，還是能體驗到一個心靈的世界？

只重視物質世界的人，不論陷於無法駕馭的欲望或自卑感，必要不斷追求和獲取更多物質，越覺得獲取的物質不足、有限，就越消耗更多的身體資源和能量去獲得。所謂越忙越窮、越窮越忙，窮忙的人困限於物質世界的運作模式，受主流價值的運作支配。

而能生出心靈世界的人，物質欲減少、物質依賴的習慣降低，欲望不再是無底洞，反而重視意義和價值。當聚焦在所作所為的意義和價值時，思想著是否能累積生命的厚度和智慧，又或能洞察什麼人生的道理。

追求生命的智慧，從過往人類的智慧和覺悟來看，實質需要每天減少自己的欲望和需求。若以生命發展的走向來看，要能達到心靈的寧靜和接受世事的變化，就需要管理支配和控制的欲念，也要日漸節制自己追求物質生活滿足的行為，達到簡約生活。

欲望越少，人的內心也越清靜。靜心的內在，能慢慢將感官從物質的依賴解脫，轉向以感官開啟自己的覺察力，和身體、心理、靈性進行接觸和對話，達到自我身心靈的全人合一，這也是邁向生命最後一階段的必要預備。

體驗幸福？還是感受停滯？

體認幸福感的關鍵在於「知足」，這一份知足來自於小小的體會就足夠了。能感知「足夠」是不簡單的能力：吃飯八分飽就夠了、點心吃兩口就夠了、東西還可以用就夠了、身體健康就夠了、家人平安就夠了……不論是從哪些方面，能看見並體會「如此甚好」，這需要能接受每個當下，不過度遙望不可及的空想，更不會受制於自己的無窮欲望，這樣的人就能體驗「幸福」為何感受。

很多人都誤解：若能追求越多、職涯爬升越高、成就越多，就能體會到越多幸福和快樂。但是，「幸福感」和「快樂」的相關研究卻不是如此。五十歲是全生命週期幸福感最低時刻，憂鬱症的盛行率及風險介於四十六歲至四十九歲之間。我們用了中年前半場所有的精力和時間，埋首在繁多的工作量、家務照顧，也不斷精進自己，以求更高的職位、更優越的社會地位，馬不停蹄地相信還有某一個人生高峰在等待自己，然後不停的追、趕，卻在過程中像是一不注意誤入黑暗森林，受到無形力量吸盡精力，漸漸地對自己、對未來都感到不具希望和信心。

中年最具有威脅感的情緒是「停滯感」，不論是專業或技術方面，又或是感到新進後輩的不斷追趕，甚至超前，都會讓人困限於「我只能這樣？」若心中理想的「人生高峰」遲遲沒有臨到，我們要如何持續堅持、相信自己？亦或是已到了接受事實、放下築夢的時候？

此時停下來，生產力停滯，整日消沉無力、死氣沉沉、對什麼都失去了滿意和希望，這種情緒將使我們日漸與社會疏離、與群體斷聯，只想找一處深邃的山洞，把自己隱身，不再投入社會建構的生活模版。這樣的情況可能直接或間接引發婚姻問題和家庭問題，獨撐生活的伴侶、婚內失戀、感受不到父母活力的孩子……皆成為中年危機的課題和任務。

社會興趣與社會關懷

就如阿德勒的「社會興趣」的理論，他認為社會興趣是人類與生俱來的潛在傾向，也是良好社會適應的基鑰。如果人為了追求優越、菁英，只顧自己的利益，對別人的幸福毫不關心，那他在克服自卑心理而爭取優勝時，就不免會處於自我中心狀態，甚至會將自己的快樂建立在別人的痛苦之上。但若人能具有社會興趣、社會情懷，關心自己以外，也同樣關懷他人及社會事物，那麼他在面對及解決問題時，除了考量自身利害得失外，也會考慮他人以及社會的福祉，這將是社會共好發展的基礎。

阿德勒依活動力與社會興趣的高低將人格分為四類：高活動低社會興趣的支配型（Ruling）、低活動高社會興趣的取利型（Getting）、低活動低社會興趣的逃避型（Avoiding）、高活動高社會興趣的有益社會型（Social useful）。阿德勒認為，社會關懷程度有天性傾向，但可以透過後天培養和輔導促進，而社會關懷的情操會影響一個人的心理健康程度。以阿德勒的觀點，他認為一個人具有社會關懷能積極參與社會，則不會導致內心生病。若個體確實發展為有益社會型，就能成功地度過中年發展課題，這與艾瑞克森對此階段的正向發展觀點是相近的。

✦阿德勒的活動力與社會興趣高低之人格分類：

- **支配型**：高活動、低社會興趣
- **逃避型**：低活動、低社會興趣
- **取利型**：低活動、高社會興趣
- **有益社會**：高活動、高社會興趣

社會關懷要及早建立或培育，可從兒童時期開始。父母若有社會關懷的思維，且家庭氛圍能讓孩子和社會維持一種正向連結，孩子自然會對社會環境的事物抱有關懷態度。若早年家庭及父母忙於工作或只關注自己事情，其他一

切都顯得疏離而冷漠，那麼孩子不僅受影響，到中年時期要進一步保有社會參與動力、投入社會關懷（不是社會破壞），可能會力不從心，即使想做也做不到，甚至可能覺得沒必要。

社會參與和社會關懷對中年人的重要性在於，社會的運作和生產力即是以中年人為主要分子，中年人的狀態，思維及情感、價值觀和信念，包括處事待人方式，都是最直接形成社會風氣和文化的來源。

若從個體來說，對社會保持興趣也是對人保持興趣、對環境保持興趣，願意共同扶持和滋養，相互幫助，才能建立一個和社會之間有正向情感的生命，願意為社會的永續發展貢獻自己的專業和能力，也從貢獻和付出中接受社會的生活照顧和情感支持，讓自己的生命不致孤立而絕望。

不足與缺失的後果

淪陷於生物需求與私利，不顧也不關懷家人與社會

這一段生命發展階段若是遇到了障礙，停滯、消極、防禦之後，常呈現的會是一種過度自我關注、不關心後代福祉，即所謂自私自利、剛愎自用的狀態，也可能出現憤世嫉俗，對社會、世界充滿懷才不遇的受虧欠感、受害感。

但是，人為何會走到生活充滿困境或阻礙呢？回溯過往成長歷程的各種社會心理發展階段，可能會發現也出現過許多缺乏和發展障礙。不利的環境、缺失的教養態度和不良的心智建設，都可能讓人走至中年時，成為困獸之鬥，只以蠻力、固執及自負和不滿意的命運對抗、衝撞，直到精疲力盡。

另外的影響因素，包括人生歷程中所出現的各項困境，所謂的人生撞牆期（逆境），究竟讓個體產生什麼變化？

對我們每個人而言，生命一直進行，直至中年，一定會遇到人生撞牆期，

體會一種怎麼撞也撞不出一條路的感覺，很像原地踏步，不管怎麼努力前進，卻還是困在同一個環境、同一群人當中，感到心力交瘁，也就是停滯期的處境。即使，我們不曾奢望人生一定要一帆風順、事事如己意的願望實現，但是一直覺得困在某一個四方框裡，四面總有無形的牆堵著，做什麼都無力打破，忙了老半天還是在框框裡苟延殘喘，還把自己消磨殆盡，不知道這種辛苦生存的意義究竟是為什麼？

對每一個時代的人來說，就如狄更斯說的：「這是最好的時代，也是最壞的時代。」有人從時代中得到啟發，突飛猛進；有人從時代中殞落，銷聲匿跡。對於平凡老百姓的我們來說，我們無法掌控時代要承受什麼樣的挑戰及殘酷，但我們需要掌握自己內在的心智，如何能因應各種情勢的轉變和突如其來的困境。

確實，有許多人生撞牆期脫離不了環境的限制和剝奪，多少和所遭遇的人事物有關，有時幸運、有時乖張、有時順遂、有時逆境；但無論環境如何，考驗的終究仍是每個人內在的機智和應變力，也挑戰著每個人內在的資本和心智模式。就如面對到「空」，有人看到空虛、一無所有；也有人看見機會，從零開始。

你會看見什麼呢？事實上，你所選擇看見的角度，將會形成你的自我和編寫你的人生。那麼，當一個人走到人生的撞牆期時，會選擇用什麼態度和行為因應呢？會以什麼樣的角度看待撞牆期之於自己人生的意義呢？這就會影響這些困難的境遇，會讓中年蒙上更深更重的灰塵，還是讓中年成為展翅高飛的動力。

雖然人在未確實體認這個客觀世界的運行規則之前，時常會以自我中心幻想這個世界是來滿足自己的，所有人和事物的存在都要依照著自己的期待和需求來供應，於是常淪於自顧自的想像，再自顧自的失望和感覺備受打擊。這其實是一種不成熟的狀態——誇大自體症，把世界當作自我滿足器，忽視其他人的共同存在，只視自己為唯一存在，覺得自己的需求和滿足是最重要的，也最特別的事，物化他人，把別人都視為供應自己的工具。

過度執著要從他人身上取利且膨脹自我的人，不僅造成病態自戀人格，更容易為了不順心而勃然大怒，虐待他人。並且常有不切實際的幻想，畢竟他覺得只要是他想要的，全宇宙都要來給予他。

但若是你真實活在這個世界，有理智運作，觀察、辨識、歸納，你勢必會清楚地感知到，這世界不是你想怎麼樣就怎麼樣，一切的行為都要付出代價，也會收到後果。再者，若你活在現實世界，不是活在自我的平行時空、活在另一個自己執念中的想像世界裡，那麼你也會很真實地感受到各種瓶頸或限制，包括：求不得、愛不到，所謂人生八苦，皆會經歷、感受到。這也就是為什麼我們的人生都會遇到撞牆期，這種撞牆期之於我們的真實生活裡，在生活、工作、學業或理想上，開始倦怠或遇到難以克服的瓶頸、難關，有種再怎麼努力都沒用的感覺，興起一種「我不想努力了」。如果有一段時間你產生這種感覺，那麼，這就是撞牆期，是你人生的一段低潮、慢速道，或所謂的逆境。

誰都想要一直追求人生高峰，但問題是：人生有高峰就必有低谷，若失去了低谷，那高峰還有意義嗎？高峰還能是高峰嗎？只是人們心心念念想要追求高峰，死盯著高峰看，卻無法好好地看看低谷或低潮存在的意義，以及要透過這一段時期怎麼和自己相處？

你可能有聽過這樣的一句話：「若沒有蹲得深，也無法跳得高。」有時候人生的撞牆期就是要我們學習蟄伏、深蹲的功課，這沉潛或低調的處境，是一種和自己內心修身養性的重要時刻。所謂路遙知馬力，正因為不知道這一段路究竟要走多久，到底走到哪裡了？能耐著心又能保持體力的，總是有機會能撐到最後。這些歷程都是考驗一個人的恆毅力，能有多少心理量能，堅持在一個無法立刻看見成果的過程。

除此之外，其實人生的撞牆期，往往反映出我們內心一些不切實際的設定或無法鬆動的框架，因此產生了綁手綁腳、動彈不得、無法超越的束縛。如果，你在撞牆期的階段能好好誠實地面對自己，運用這一段看似卡住的時間，多花些心力關注及認識自己的心智模式，這會讓你的撞牆期回饋給你巨大的補償，這個補償是關於你內心的力量和穩定的心理資本，也關於對人生要有「正確修正」。

跳出撞牆期，破繭而出

雖然要安於低潮和受困時期真的不容易，煎熬又磨人，但能盡早跳出框架的人，總能早一步超越既定角度和觀點，早一點突破心盲，看見新的生命意義和價值，並從中拿取利於未來使用的經驗值。

那麼，你可以從撞牆期（低潮）裡試著探究自己什麼樣的心智模式呢？這些心智模式的慣性運作和設定，或許已到了必須面對和改變的時候，只是端看你要如何的長出勇氣或力道，破繭而出。以下有幾種可能的提示：

①過度執著於內心所依賴的安全感和舒適圈。

有這個情況的人，為了內心依賴的安全感（通常是想像的），而強迫自己非要如何不可。例如，堅持要確定安全的上下班固定路線，非要這樣不可，覺得只要改變路線就很沒安全感，所以絕對不能離職，也不能到外縣市工作或生活，想像中總覺得自己會完蛋，還會遇見不知怎麼面對的危險。過度沉迷在自己想要的安全感中的人，對於改變或變動，都有無法克服的反應，以致容易受困於撞牆期。越是以為的安全、舒適圈，往往越是撞牆期的來源。

②受困於不切實際的想像，尤其是想像會有奇蹟或拯救者出現。

有些受困於撞牆期的人，還是沒有領悟到要由自己的心性調整，並訓練自己的能力，反而更沉迷於期望有哪一位領導者、權威者，如拯救者般出現救贖他一蹶不振的際遇，或是給予他超脫困境的指導。結果越是依賴被救贖、越渴望奇蹟，就越難痛定思痛地反思和客觀檢視自己，是否有哪些思考和情感模式，導致一些困境反覆複製，以致總是衝不破撞牆期。

③受長期順服和乖巧的性格使然。

過去長期的生活經驗或家庭制約，讓一些人長期習慣遵照他人的意思行事，也很自然地渴望成為別人口中聽話和乖巧的人。無論幾歲了，還是很容易把自己放在聽話的乖孩子位置上，無形中，不論到了哪個環境、建立哪些關係，都是聽話受人指使和擺布的角色，能真正為自己人生作主、自我決策的機會不多，以致生活大部分的處境都活在壓抑、委屈和心情鬱悶的處境，因此也常感受到深陷在人生不如願的困局裡，有志難伸。

④被內在的恐懼和焦慮綁架。

無法自我領導內在的心智運作，無法調控內心的情緒起伏，很難克制心理冒出一些誇大的負面想像和災難化思考。在演化的生物設定下，當我們內心產生大量的恐懼和焦慮時，原來的目的是為了激發「不要動」，以期避開被當成獵物的危險，不會遭受攻擊，所以我們會停止、靜止不動。但當我們活在文明社會裡，沒有具體存在的攻擊來源，卻仍釋放大量無法調控的恐懼和焦慮時，我們就會抑制行動力，讓身心動彈不得，漸漸地失去行動力，演變成無助感和無能為力感，成為一隻待宰的羔羊，受生活摧殘。

當我們想以逃避現實、恐懼和焦慮、無助或討好等反應來面對人生時，勢必會經常出現撞牆期，甚至會長期存在，畢竟人生的試煉場就是為了讓我們鍛

自我評量表

【生產或利他】不足自評表：

自評這些現象是否發生，或內在是否出現這些感覺？陳述句越符合自己的主觀感覺，生產或利他性受損程度就越會影響自我與社會環境的互動關係。

☐ 覺得自己有一種強烈的消耗感，無法再產出什麼有意義、有趣的計畫。

☐ 常感覺有一種無法突破的停滯感，不知道自己對社會有什麼價值。

☐ 對自我的感覺極不良好，無法肯定自己，也覺得自己的存在一無是處、無價值意義。

☐ 只做一些物質方面的享樂，例如飲酒、性行為、玩樂、飲食，其餘都覺得沒興趣。

☐ 覺得自己內心空洞空虛，對任何人事物都漠不關心、無所謂。

鍊自我、訓練更多因應世事的方法，也讓我們在人生試煉過程中，看見自己的成長和蛻變，發揮自己的潛能。

如果只是哀嘆或埋怨自己的低潮和不如願，懷抱仇恨、怨妒度日，那撞牆期仍是撞牆期，因為你始終沒有了解撞牆期不會消失，撞牆期來自我們過往的制約和束縛。你真正要做的，是勇敢的轉個彎、試試沒有走過的方向，不用一直和牆過不去，因為牆是不動的，但你可是活生生會動的人啊！你可以變通，也可以應對，還可以有創意地開發出新的一條路來。

為自己培養及完成課題

覺知自己，開闊心胸，走入大千世界

中年幾乎可說占了我們人生的二分之一。可見中年對人生來說，占有極大的影響比例，可以讓你定義自己、充分洞察和了解自己，也深知自己的本事和能耐。即使是在家庭從事家務管理、未到職場環境，也和所有到職場環境工作的人一樣，都需要面對自我價值、生存能力，以及自我實現的人生課題。

中年時期一方面向外在世界證明自己，另一方面又要向內在世界收斂自我，著實不易。在充滿各種要求、挑戰、訓練、任務和危機的此生命階段，越是故步自封、固執己見，而無法打開心胸、眼界，並失去成長性的話，就越是預告消耗、停滯和提早死亡的可能性很快到來。

中年時期作為專業和技能發展的重要階段，不能否認，既令人興奮也令人緊張。就像是拜師學藝的少俠，完成了基本訓練後，要下山看看世面，同時試試自己的功夫、測測自己的底氣和實力，在充滿各路好手、各路人馬的江湖上，究竟能如何闖出名號和名氣。

一個從不下山、不見世面的少俠，不論他自我感覺厲害，還是自嘆不如、覺得自己是冒牌貨，都只停在自己的想像和評論。若沒有實際到江湖探探究竟，他根本無從和別人切磋琢磨，也無從看見廣大的世界，確實人外有人、天外有天。

因此，在中年時期，這個從三十五歲歷練到六十歲或六十五歲的階段，就是要能走進花花世界，接受花花世界的各種試探，也面對各種險惡和問題，打破過往天真年紀裡對世界、對人性，以及對自己浪漫、天真和美化的幻想和期待。無法簡易地再用「好人」「壞人」就想簡化定義人，也會領悟到人之複雜在於其行為和內裡本質的不一致，其動機和意圖更非一眼可識破、可透視。

但終究都是過程，沒有不會結束的好事，也沒有不會結束的壞事，再後來，你也會漸漸明白，沒有什麼純粹的好事和壞事，所有的事都只是事，真正影響過程和結果的，是每一個人的認知維度、情感維度及行為維度。就如有人可以把好牌玩到輸掉，有人可以把爛牌逆轉勝，事情的開頭不一定能影響最後的結局。然而，一個人走至中年了，他究竟有多少內力覺知自己、駕馭意識，並統整管理自己的身心系統，及與社會環境的關係品質，這可說是個體人生上半場的期中檢定、期中報告，更會影響人生下半場，乃至期末報告的品質呈現。

多了解自己，為自己選擇適合交往的益友

中年時期，在社會發展上，我認為最需要的是良師益友。良師可以有很多定義：能讓你請教的、能讓你學習的、能啟發你的、能擴展你的心界的，甚至

能讓你看見自己的盲點、了解自己的缺失的，都可以成為我們的良師，不論是一堂課、一個月或幾年的學習，只要確實能有益於自我的成長、提升自我的能量和能力，都是良師。並不需執著一定要出於哪一派門生，又要代表哪一家弟子。畢竟依附了，就可能有受利用和情感操控的可能；而這對自我發展是不利的，極可能演變成剝奪個體獨立性，並索求個體的犧牲和奉獻。

然而，即使剝奪和吞噬自我的情況發生了，只要命還安好，我們還是可以視其為一面鏡子，看見自己依附的渴求及自我獨立鍛鍊過程中的迷失和陰影，若能覺察並進行內在修復，雖然情感痛苦，猶如再一次如孩提時期失去可依靠的父母那樣的心碎和傷心，也是我們通往合一、整合自我的禮物、契機。

益友方面，是許多中年人花心力、時間的地方，有些人是因為空巢期來了，兒女長大離家、獨立運作，另一半又談不上話，於是把關注力和精神花在朋友或團體上。然而，若只是為了填塞時間、把精力花掉，以轉移面對自身的情緒或人生課題，那麼用一堆團體活動和一堆社群媒體通訊名錄往來交談、轉發訊息貼圖，確實可以製造很忙的感覺，有時候也能提供我們「存在感」和「重要感」。但同樣的，若只是沉迷、依賴這些活動和人際交往，以迴避修復和鍛造自我，並非往內扎根，修補內心的安全中心，那麼那些活動和人際往來，可能會消耗、侵擾到某一天令你反彈，或是消耗殆盡到疲累不已，再也不願意和任何人、任何事保持連絡。

極端和失衡，始終是我們社會的一個問題，來自我們思維裡的二分法，沒有微調和管控概念，更沒建立有因有果的理性思維，常憑感覺行事，受情緒牽制及綁架，又礙於過往負面的人際經驗，以討好、委曲求全、害怕被討厭和被拒絕……等慣性反應作為人際互動的自我防禦和偽裝，以致一開始都要以「好人」「善人」「好相處」「有求必應」的形象作為關係的建立，極致發揮、極端自我要求，就像是原本有電力的電池，一下子遇到吃電怪獸，瞬間消耗用盡，留下一個再也無法啟動的自我。

所以，益友可遇不可求，不能強行要求，用各種行為想交換友誼。益友是要慎選的，所以需要評估和相處的過程，才能知道價值觀和生活態度是否在相同頻道，就算不同，至少關係態度是尊重和能維護彼此界線的，不會利用朋友名義侵略、干涉、侵占及破壞生活的私人範疇。

雖說不能決定一定會遇到哪些人，或一定能遇到投緣的人，但你所交往和納進生活範圍的人，多少有你自己特質、品格和價值觀的映照。你若真的了解自己，也知道自己和什麼樣的人相處愉快、自在、安穩，那麼即使不是很快遇見志同道合的益友，你也不會總是將就，只是想找個人來依賴、消解寂寞。所以，你有多了解自己，就能為自己選擇適合交往的益友，彼此正向增長，感受到有意義的互動，而不會總是對人際關係感到後悔和心寒。

作業練習

留心自我保健和修復，保持心智敏捷

每日都要進行微修復力

中年的挑戰和任務實在繁重，讓人肩頭都不自覺地往下沉了。尤其在職涯發展上，有非常多挑戰及困難，不是每一項計畫、業務都能順利駕馭、克服，就像在戰場上，槍林彈雨衝撞之間，沒有不受傷的道理。因此，中年時期刻不容緩的學習，就是自我保健和修復。微修復力的重要，在於不要總是忍耐和壓抑，非到節骨眼、緊要關頭才重視自己的損傷之處，總是習慣地以為自己沒關係。一直說沒關係久了，當損傷累積到一定程度不可逆轉、修復時，最為痛苦的仍舊是自己。

修復來自人有復原力（Resilience），通常譯作「彈性」，或稱「不會受挫的心靈」。美國心理學會定義：「所謂復原力，是指面對逆境、創傷、悲慘的情況、威脅、壓力等重大原因時，成功調適的歷程。」人的天性，大腦會對壞事有過度反應傾向，因為生存的主要保命機制需要來自負面情緒的拉警報，因此一旦發生我們知覺中定義的「危險」「壞事」「可怕的事」，我們的情緒中樞就會用全自動般的速度在大腦發送訊號，傳輸至全身，讓我們立刻警備、防衛。但這樣的後果就是，許多時候我們過度警覺和敏感，致使我們的身體全天候、時時刻刻如臨大敵，一有感到威脅、不安全，即使事實上並不至於，我們的身體還是處在極度壓力中，大腦還是不停地激發誇大的負面情緒訊號，使我們的心智疲乏受挫，失去彈性，無法再回復到原來的心智功能水準。

恢復挫折的心靈，即是修復和療癒，但是復原力並非與生俱來就有的能力，而是需要透過學習和訓練才能提升。若能學會提升復原力的方法，在遭遇困難或遇上失望及挫折時，我們也能在心靈有所損傷時，即時啟動救護機制。

✦微修復的幾個步驟：

1. 感受及接納自己的感受，例如每天的負面情緒（疲累、沮喪、失敗、挫折）。
2. 降低誇大渲染情緒的過程，盡力控制不要進入負面自我否定的自動化反芻。
3. 正念呼吸及正念身體掃描、覺察，達到三至五分鐘的暫停思考。
4. 待情緒較為緩和平靜，跟自己澄清「是情緒糟、情況不順利，不是我很糟」「負面情緒是暫時的感受，情緒不能定義我」。

5. 然後感覺離負面情緒有點距離，或者想像自己從一個充滿負面情緒的房間打開門，走出來，看見亮光。

6. 恢復認同與認知自己，認同自己的良好特質、認知自己過程中所付出的能力及努力。

保持彈性，與時俱進

保持彈性，也是一種保持復原力的訓練。學習看見「情況」，面對「問題」，調控態度和處理方式，但不要把矛頭指向自己，把自己指為「問題」。

降低容易把自己指為矛頭、標靶的習慣。當你把自己看作問題，你會嫌棄自己、貶低自己，還順便嘲笑自己。當忘了自己的初衷、目標和能力，你可以調整、變通、彈性以對，持續找到客觀問題的處理方法，而不是簡化地為自己貼上任何批判的標籤，忽略自己擁有的潛能和學習力。

不要再像孩童時期一樣，想像任何高理想化的標準、完美的情境來要求自己，然後打擊自己、懷疑自己。這是非常吃力不討好的事情。如實地陪伴自己走過、穿越、領悟過程，從中得到更多對自我的認識和了解，了然於心，相信你自己會是你人生的專家，會成為做自己的達人，這樣對自己的堅定信心，會讓我們保持接受事物的樣貌，同時相信自己有能力和資源去克服。

要能保持彈性，不成食古不化、守舊、不知變通的人，不和社會及外界脫節，不僅對外溝通會產生障礙，也造成個人無法適應社會。當人感到適應困難，甚至覺得與社會格格不入時，各種身心症狀和對社會的敵意或疏離也會隨之發生。

保持學習，才能與時俱進，即使我們無法全面了解社會的變化程度，重要的是和自己當下的年代連結，了解正在面對什麼樣的環境；關於科技和經濟、家庭與社會又有什麼樣的議題正在被關心，這些可以幫助我們了解社會脈動，同時調整自己的觀點及態度，保持我們內在心智的敏捷靈活。

| Mission 8 |

生命第八任務

圓滿完成這一生
——整合或絕望

是悔恨，還是此生無憾？

奧黛麗．赫本的遺言這樣說：「人，比任何事物更需要重建，自我修復，自我復活，自我救贖，永遠不要指望任何人。」

這一番體會，是歷經一生之後赫本所領悟的，人最終都要做自己的擺渡人，而無法靠誰施捨拯救。這為人的一生，是為了真實完整地成為自己、為自己做出最佳詮釋。能有如此領悟、從心深處明白，正是老年的階段所要進行的整合任務。

六十歲以後雖然預備進入老年期，但如今健康產業發達，各種有益身體健康的保健器材及營養素非常多，如果可以不要因為生病或活動力欠佳、缺乏自我身心管理而導致長期臥床及行動不便，那麼，六十歲以後活躍人生、樂活人生可屬常態；有些人甚至在六十歲時，還習得另一個研究所學位、執起另一門專門職業，斜槓人生的例子處處皆有。

活到超高齡八十歲以後的人，以現代的醫療以及健康產業發展來說更是普遍。根據二〇二一年的統計，臺灣八十歲以上的人口占約八十七萬人，到了二〇二五年，八十歲以上的人口預估會占總人口的百分之二十以上，稱為「超高齡社會」。過去的年代，六十歲進入老年期就準備要告別人生。那時的人六十歲之後，就說自己很老了，在等死；但對現代人來說，六十歲可能是準備開展第三人生，準備在退休之後擁抱人生的另一片天、另一個發揮生命價值的舞臺。

人生的各種可能，其實都存在

性別平等的推動，是要不再以「性別」來定義和框架人該有的表現和樣貌，因為人就是人。當我們說「人人平等」，就是回到人的存在、人的本質，生而為人，你我沒有什麼階級、歧視、約束，不會因為某些性別定義和框架，就剝奪及壓制人的權利和該享有的尊重和自由。那麼，年齡也是如此，不會因為幾歲就被歧視，或剝奪身為人的權益和需要尊重看待的需求。

《楢山節考》是一本著名的日本小說，由深澤七郎於一九五六年在《中央公論》雜誌十一月號發表，敘述日本古代信濃國（今長野縣）寒村的山林棄老傳說。在這裡的人民生活非常窮苦，男人為了生存每天辛苦工作，女嬰一出生就賣給有錢人家，換取金錢貼補家用；男嬰則丟棄路旁。村子裡還有一個不成文規定，老人家到了七十歲，就要由家人背到深山野嶺等死，避免消耗家中的糧食。年已六十九歲的阿玲婆婆為了讓孫子多一口飯吃，忍痛拿起石頭敲掉自己的牙齒，讓自己看起來蒼老一些。這看似非常荒謬不合人情，卻深刻地描繪出嚴苛的生存環境下，自然界現實的生存法則無法迴避，也可看出從過去一直以來，對老年普遍存有「沒用」「浪費糧食」「拖累」的評價和觀感。

社會有著某種矛盾，對高齡掌權者，雖視為家族或社會尊崇人士，予以敬重，但對低階、貧窮的長者，則視為麻煩、沒生產力、拖累家人的多餘者；說穿了，還是以經濟能力、生產力為主要分別。隨著世代變化、家庭結構改變，養兒防老的觀念基本上已不復存在，大約六年前，日本出版一本暢銷書籍《下流老人》，描述當代日本面對少子化、退休年齡延長的焦慮，擔心成為在社會底層過著中下階層生活，不僅體弱多病，還完全沒有生活品質，成為所謂的下流（貧窮）老人。

雖說小說《楢山節考》裡棄老求生的情節，在現今社會不可能出現（法律也不允許），但對於年老後失去主動經濟收入的生活，有些許焦慮和不安在所難免；只是也不乏看見年紀越大越慳吝的老人，內心充滿著執著和恐懼，對貧窮十分焦慮，活得比之前更加辛苦。

是否會成為所謂貧困交加的「下流老人」？這主要和個體在中年時期為自己做了哪些預備、規畫有很大的關聯，就如我在中年的生命任務章節裡說的，中年期越窮的人越忙，體力勞力必須付出越多，但越忙卻還是越窮，因為都把錢拿去做娛樂性消費、情緒性飲食和購物，以致經濟未規畫，也未懂理財，最後忙到身體機能壞掉，窮到無法支應老年時期的生活開銷。

做一個成熟自若、飽覽人間事的智慧長者

人到了中年時期，究竟會做怎樣的生活選擇和進行哪些老年規畫，取決於社會究竟對老化的生活有著什麼概念？又在發展什麼樣的大眾認知？是對老化抱有尊敬、樂觀的心態，相信年長仍有生命的價值？還是將生命老化視為無用的等死之人，乾脆不要期待能活到老，過一天是一天？

認知將會影響態度，態度則會牽動行為。這也是「自我」有多少能力和理性，能為自己的生活做出較正確的思考和抉擇。

若人的認知是「年老了等於沒用、廢物、等死」，如此悲觀下，則態度會是：消沉、無意義和恐懼，行為也會跟著退縮及封閉。

若人的認知是「年老是歲月的總結時期，要能把握最後的生命精采」，則態度會是勇敢、積極、豁達，行為也隨之開放、把握、活在當下。

我們常聽「人生七十才開始」這句話，美國現任總統拜登當選時七十九歲，川普當任總統時七十歲。雖然世上不乏有對「老年」充滿汙名化觀念的人，以「痴呆」「失智」「老蕃顛（臺語）」嘲笑年長者，但在我看來，這些人是被自己的「年齡既定印象」狹隘了思維，沒有跟上時代的變化。年長、長壽是未來的趨勢，絕不罕見，或許我們不會像美國總統拜登或川普一樣有機會和人脈繼續在國家事務上決策大事，但在自己的生活世界裡，還是有機會從事自己想要做的事，無論是服務人群、有益社會，或是把自己照顧好、把生活安排好，減低他人的負擔，不依賴他人、不看人臉色度日，做一個有行動力、富智慧、自主的資深人類。

當然，所謂的「才開始」可以視為智慧與歷練積累到一定豐厚圓滿的開始。宋代詞家蔣捷所著的《虞美人．聽雨》：「少年聽雨歌樓上，紅燭昏羅帳。壯年聽雨客舟中，江闊雲低，斷雁叫西風。而今聽雨僧廬下，鬢已星星也。悲歡離合總無情，一任階前點滴到天明。」概括出自己少年、壯年和晚年的特殊感受。人生走過漫長而曲折的經歷，少年時不識愁滋味；中年時顛沛流離悲涼滄桑；老年憔悴枯槁，一生的悲歡離合誰也說不清，這時的自己歷盡歲月洗滌，只能聽任自然。要真能放下過往那些恩怨情仇，給自己生命的最後階段一個修整的機會，這時的人生才開始，絕對有別於從前那般天真無知、不曉天下事、不懂人間苦、狂妄自負又膽怯自卑。

在此一心理社會發展的終局考驗裡，作為一個成熟自若、飽覽人間事的智慧長者，繼續珍惜生為人的體會、嘗試他想嘗試、挑戰他想挑戰的，同時也在經歷每一天的捨去和放下。也許像是倒數計時的感覺，但究竟要感受到窘迫的倒數計時，還是體會到從容優雅的倒數計時，這仍是自我的課題，依照不同的個體的生命體會，集結出不同的生命總和。

主要課題與任務

清楚要將生命用在哪裡，坦然接受自己的價值觀

國際尊崇的美國女演員梅莉．史翠普曾引述葡萄牙作家何塞．米卡德．特謝拉（José Micard Teixeira）的一段文字來表達對人生的體悟：「對於某些事情，我已失去耐性，並非我變得自大，而是走到了人生的這一步，我不想再浪費時間在任何讓我不悅或傷痛的人事物。對於那些憤世嫉俗、過度批判和貪婪無度的索求，我不再有耐煩。對於那些不喜歡我、不愛我甚至吝於對我微笑的人，我亦完全無動於衷。對於那些善於說謊或挑撥離間的人，我完全無法與之共處；我也決定不再與任何虛情假意、偽善、不忠和廉價的恭維共存。我不再容許賣弄小聰明和以學者自居的傲慢。對於蜚短流長的八卦，我處之淡然；我痛恨衝突矛盾和無謂的較勁。正因為我相信世界上充滿對立，因此我盡量迴避那些性格剛硬冥頑不靈的人。我不喜歡缺乏忠誠的友誼和背叛。我無法和那些

吝於讚美或無法展現支持鼓勵的人相處。對於浮誇的言行我心生厭惡，並且無法喜歡那些不喜歡動物的人。而凌駕於這一切的是，對於不值得我付出耐心的人，我已經毫無耐性。」

在這一段話裡，有著了然自己是怎樣的一個人的心知肚明，接受自己的感受和想法，卻不是消極，而是更清楚知道自己要將生命運用在哪裡、要和哪些人相處、要取捨哪些事，坦然接受自己的價值觀。也不再如年輕時、中年時要為了生計、利益、人情世故，而強迫自己非要順應、配合不可。當然，年輕或中年時那樣做並非偽善，而是屈於現實生活的殘酷和險惡，總有情非得已、任命運捉弄的時候。

在老年期，回看過往林林總總，要自己理出一個心得、一個意義、一個好好完成自己生命完結篇的意志，不論錯過的、遺憾的、懊悔的、感傷的、不明白的……在反覆掙扎、煎熬，再歷經時間的催化和柔化後，都要能成為心中柔軟、輕盈的一根羽毛，不再負重。這樣的歷程，亦是對臨終時刻的準備，讓靈魂輕盈，不帶膠著凝重的哀怨和癡想，對即將夕陽西下的生命，有著最寬大、最仁慈的情懷，懷抱這一生的能與不能、得與不得、成與不成。

從老年學學者的研究來說，正常老化是指疾病、不良環境和生活型態影響加上老化所呈現出的結果，而成功老化是指單純老化外，沒有環境、疾病、生活型態的不良影響，老當益壯，且在身心結構和功能上變化最少的個體。

要能成功老化，其條件和因素眾多，包括：生活滿意度、長壽、避免失能、成長、維持獨立功能和提升正向適應能力……等，有些學者認為成功老化需具有多面向因素：身體功能、情感狀態、認知功能和生產力。

四十五歲起，鍛造成功老化的身心

沒有疾病、不良環境和生活型態的影響，並從過往（至少能從中年中期約四十五歲左右）開始建立具有鍛鍊和累積身體功能、情感狀態、認知功能和生產力的活動安排，不僅能延緩老化，更能促進成功老化的機會。

若要老年的心智、心靈能保持思考敏捷、意識清晰、表達力順暢，也就是認知功能沒有受老化太多影響，現今已有許多研究報告提醒我們保持走動、做運動的重要，並要注意各種維生素及優良蛋白質等營養的攝取，例如：含有鈉、鉀、鈣、鎂的食物，或是維生素C、D、E的補充。談到成功老化的模型，要達到成功老化必須包含三個條件：降低疾病和失能風險、維持心智身體功能、積極參與晚年生活。若其一條件喪失，無法進行健康生活和功能維持，也就會影響老年的生活品質和個體面對晚年生命的態度和信念。

我們都知道，延緩死亡、延長生命，不代表活得健康、有活力。若是以各種儀器或維生系統來延長生命，實質上，生命卻是不停忍受痛苦、消磨能量，也影響家庭的運作和承擔，包括照顧壓力和經濟問題。這種老年生活對個體及其家人都是負累，是一種無法述說的沉重和折磨，大大失去積極活出老年生命意義的機會，也會令晚輩恐懼和抗拒面臨老化階段。

所以，最好能從中年開始——當然能更早開始會更好，及早建立自我健康管理和關懷的認知與技巧，才能做好準備，不論是身體健康、心理健康、人際和生活健康，還有經濟健康，都有足夠的準備期，好在老年時持續參與社會、投入生產，並願意終生學習。

過去，許多人對老年期的觀念和看法是不要再過得像中年那樣累了，所以一退休就隱居，減少活動，也不再參與社交，導致許多人一到老年期就鎖在一張沙發上，或關在一個房間裡。若加上晚輩對於孝順的觀念重，覺得作為孝順的晚輩就是要服事老人家到服服帖帖、不用再讓老人家自理、動手，讓老人家只剩下口頭呼叫和指揮，那麼這個所謂「孝順」的觀念，不僅會讓老年人加快老化，更會讓原本的身心功能很快報廢，退化成一個行動力不足、什麼都做不來、反應不來的老年人。所以在社會上，你會看到活躍的老人真的很活躍，即使八、九十歲了，記憶力好、表達力好、理解力也沒有絲毫退化。與之相反的，也有些老人才剛前腳踏入老年期，已是行動受阻、對生命不抱希望，無法和社會保持聯繫往來，並且很快地就失去認知和情感功能，再也無法和人正常溝通、互動。

若要成功老化，安享晚年，老年的理想生活可以是這樣的：在身體上，注意飲食和營養均衡、攝取有益健康的食物（例如超級食物）、避免或管控肥胖、保持規律運動、不吸菸、不酗酒；在心理上，能敬天知命、知道生命自有安排，所以珍惜在世的時間，不虛度，參與社會、培養有興趣的休閒或事物。

認知方面，要多使用腦力（可玩益智遊戲或練習解題）、保有獨立運作的自主感；情感方面，要調控情緒，不大起大落起伏不定，盡量做些維持平靜溫和的行動，也可練練平心靜氣的養生操、伸展操，活動筋骨並練習穩定的呼吸。唱歌、舞蹈、笑及刻意打呵欠，是一般會推薦給老年人的活動，唱歌可以增進肺活量、舞動是增加活動力，笑與打呵欠則可以帶動全身機能、促進大腦有氧。

若要良性老化或正向老化，老年人其實可以多多學習和培養慈悲或慈愛，包含寬容及接納，這也是對已是老年生命的自己有更多慈悲寬待，也能影響社會，感染社會體會到寬容和仁慈的祥和情懷。

老年人因為是社會的最年長者，即所謂的資深人類，其形象和社會認知，很自動會讓人將老年人放在權威的位置上；再加上刻板印象，覺得老年人固執己見、難溝通、愛指揮和批評，若這些印象未能澄清，則老年人和其他生命階段的族群就顯得疏離、無話可說。但其實很多人記憶中最疼愛或對自己最好的人，是家中的爺爺奶奶、外公或外婆，或一些親戚長輩，深植在我們心中最溫暖也最難忘的疼愛往往是來自長者的，這是許多身為中年人的父母做不到的事。畢竟生命階段不同，任務不同，父母與祖父母輩之間體會經驗不同，能理解和包容的事情也就不同。

一個正向老化、良性老化的長輩，肯定是社會的福氣，也是一個家庭的情感支持來源。若我們到老年時可以照顧好自己、可以維持好的健康和功能，除了完成自己的個體性，成為統整、合一的人，我們也可以將一生走過的坎坷、苦難、艱困都轉化為一顆懂得生命如此不易、更能理解和體會面對各種任務辛苦的生命，願意給出一份對不同世代的關懷和寬厚。包括對自己，這會是一生最好的整合。

不足與缺失的後果

人人皆想遠離、拒絕接觸

對如今的社會來說，老年期要達成良性老化，需要擁有終生學習的心態，來面對自己的晚年。對生活的思考力下降，不再能自主思考和行動，又或是慢性疾病纏身，以致不能活動自如，都會影響此階段是否能正面老化、成功老化，並總結此生是否是圓滿、滿足。若無法順利成功地完成老化階段，此心理社會發展的障礙，會讓人晚年活在悔恨、孤寂和絕望中，否定這一生的際遇和經歷，留下不甘心的悲嘆。

當我們準備進入老年期，雖然老年期也需要如實經歷，才能具有如實歷練的領悟，但從中年的中期開始，若我們想避免造成老化障礙，以致老年總是叨叨絮絮過往的委屈與受虧欠之處，成為人人皆想遠離、拒絕接觸的固執老人、埋怨老人，那麼練習認知和情感的鬆動、彈性，不被過往的框架束縛，將思維和情感功能的提升優化，賦予過去的經驗新的意義和標定，是放下過往沉重包袱最直接的方法。

當生命走到老年時，時間會變得緩慢——時間的運行當然沒變，但我們不再如中年時期那樣忙碌運轉，所以主觀會有錯覺，認為時間感變慢。在過去，一天很快就過去，老年階段的一天卻漫長無比。若停止社交或活動，那時間會更加漫長到失去時間的意義，好似停在某個時空，生活周遭像靜止不動的停格畫面，若不是突然有什麼聲響或動靜，根本會忘記自己究竟身在何處，彷彿封鎖在一個沒有白天黑夜之別的異時空。

這時，人的記憶若沒有新的新鮮資訊進入，往往會不自覺地提取過往許多早已淡化或根本未曾想起過的記憶畫面。那些不同記憶的畫面，像是一個個的平行時空，你進出那些記憶時，就會看到一個留在那個時空裡的你，所經歷和遭遇的一些事情、一些過程：有的是你感慨的，有些是你感動的，有些則憤恨、不平、恐懼，有些是感傷、心碎或感激。

如何寫下和創作自己的人生，都是由自己決定

老年期的心理社會發展階段要如何才能順利完成？或許端看我們所感知的記憶時空裡，正向的情感和正面意義較多？還是負向的情緒和負面意義多？

若正向情感和正面意義比例上較多，我們就能給自己的一生一個正向註解；反之，若負面情感和負面意義是強烈的，對於自己的一生，會充滿否定和痛惡，而無法與自我達成最終的和解及和好。

畢竟，人真的很難接受理想和期待落空，也很難了解生命的最後階段並不是蓋棺論定，你仍有機會在最後的生命階段，轉化對自己的寬厚和仁慈，悟出對自己生命經驗的一份善解和善意。

許多人膠著僵化在過往的經歷中，不斷地設定別人和限定自己，然後再不斷陷入一次又一次的循環，不斷地問：「怎麼會？為什麼他要這樣啊？」一在「他為什麼要這樣」的反應當中，也正反映出我們自己同樣有某種固著的模樣；反覆同樣解讀、同樣感受、同樣判斷和同樣知覺，如此一再同樣地對應、反應、感知，就像輪迴似的一日復一日、一次再一次循環，直到自己無能為力、精疲力竭，才不甘願鬆手。然而，即使看似鬆手了，必須接受一個不想

要的結果，但心中的不甘願、不甘心還是糾結在心裡，無法放下執念和控制之心，不願與所失落的結果妥協。

如此，即使走到生命最後一個階段，甚至最後一刻，我們仍可能受不甘心和不甘願糾纏，就似被已經過去的歲月陰魂索討，為何那些當下自己要承受那些屈辱和卑微？

面對無法解決和如願的問題，我們都需要重新認識及了解問題的根源是什麼，開始認真思考那些形成問題的原因和脈絡是什麼？究竟是真的客觀理解了，還是過往僵化的恐懼和焦慮情緒感受，挾持了認知想法，以絕對、武斷和誇大的戲劇性情緒，無情和貶抑地判斷自己的人生，用相當熟悉而自動化的角色和姿態，去控訴這個世界及其他人，包含自己。

每一個個體最後要如何寫下和創作自己的人生，都是由自己決定的。環境和他人都只是影響因素，而非決定者。決定我們要寫下什麼情節的故事，以及這個故事會如何完結，在各種境遇中會如何因應和面對，又會做出哪些選擇和判斷，都是個體本人。

執著在幼兒時期理想化、天真劇情的老年人，或是受困在人生曾經歷的重大失去和羞辱中，都會讓老年生命灰暗、痛苦、無望。然而即使如此，若老年期客觀角度理解情緒和事實之間的關係的認知能力受限，身心功能不足，那麼，即使身旁的人了解老年人充滿痛苦、怨恨，但身旁的人能做的有限，即便能傾聽、關懷和支持，卻無法逆轉、修復老年人和自己生命的關係。所以，很多傷痛的修復，還是越早進行越好，那關聯到生理的資源和能量，是否可以如預期發揮自我調整性和修復力。

關於負面生命經驗的轉化，由負轉正的認知概念訓練，可以盡早學習：

◆了解經驗很真實，但不是用來批判和絕對性定義自己。
◆負面經驗需要及時消化和轉化，不然會成為往後人生的絆腳石。
◆讓經驗幫助自己開啟智慧、提升學習，而不是造成心理牢籠，對自己判刑。

自我評量表

【整合】不足自評表：

自評這些現象是否發生，或內在是否出現這些感覺？陳述句越符合自己的主觀感覺，整合能力受損程度就越會影響自我與社會環境的互動關係。

- □ 回想一生，總抑制不住許多的懊悔、不甘心和憎恨。
- □ 對社會充滿憎惡，覺得這一生都懷才不遇，受盡欺壓、凌辱。
- □ 常覺得人生做過許多錯誤選擇，對於過往放不下內心許多糾結。
- □ 心中仍有對某個人或某些人的憎恨，覺得受他們所害，內心不斷湧現詛咒。
- □ 大部分時間覺得孤寂、空虛、無意義感，對人生無正向情感，例如：感激和慈悲。

為自己培養及完成課題

統整、合一的人

人生不會只有順境，逆境也是人生裡的一種歷程、一種風景。順境時，我們開展自我、發揮力量；逆境時，韜光養晦、沉潛自修。順境與逆境各展其美，促成自我成長、成熟轉化。

然而，一個人成熟了，也就明白，人生的順境逆境都能平心看待，領悟禍福相倚的道理：得到未必是福，失去也不一定是禍。走過滄海桑田，明白很多事都不是表面就可看到、眼見就能為憑。

若老老實實地體認人生，內心便會擴展了胸懷，涵納歲月的萬縷千絲，不再以孤傲自負的心態看待，反而明白人世沉浮憂愁不可免，每個人都有他的機會，亦有他的命運。然而，能從中領悟超越智慧的，還是端看個人一生的累積和修為所在。

無論如何，沒有完美的人生，人生最大難題之一，在經歷許多事與願違之後，體驗生活非是完全在自己控制中，要如何堅持、如何放下、如何取捨，無數道選擇題總要我們做出屬於自己的答案。

統整、合一的人，能對自己的經歷和各種選擇，包括所有曾經做過的事、愛過的人、經歷過的遭遇，都慢慢地從糾結、矛盾、混亂、掙扎中領會，一切環環相扣、一個環節推動一個環節，人在進行式中，只能就當下擁有的資源和條件，依照當下的能力去面對和處理。如果已事過境遷，卻產生諸多矛盾，對曾經的自己充斥怨懟、批判、否定，無法以接納包容內心產生的遺憾和後悔，那無疑會使自我陷入沮喪、憂鬱，無法從內心深處恢復與自我的連結，而是分裂、碎裂的崩解，否定自己的一生。

善解和原諒

善解和原諒是強大的包涵能力，需要廣闊的胸懷，清晰的思考，不固執己見對人事物做絕對的批判論斷。彼得森教授在他的著作《生存的十二條法則》裡說道：「人們自認在思考，其實沒有，那多半是被誤認為思考的自我批判。

真正的思考很少見，就像真正的傾聽一樣少見。思考是聆聽自己，這非常不容易，表示思考的時候，你必須在當下把自己切分成至少兩個人，然後讓這兩個人意見相左。思考是兩個或更多不同的世界觀之間的內在對話。」而真正思考的終於產生，是你成為能清楚表達的演說者，也同時成為能細心審慎的聆聽者。在經歷和承接內在衝突過後，你懂得取捨，修正之前所認定的，同時調整想法，甚至改變了你的世界觀、人生觀，這才是真正的思考。

善解和原諒，都需要在真正的思考之後，歷經內在各種聲音的衝突、談判、妥協、和議，你內在那些虛擬的人物（內在各個人格），他們不想被消滅、他們有生命，想被珍惜和理解，所以你需要真正地聆聽他們，而非批判和拒絕。在充分地聆聽，真正地理解之後，你帶領你所有的內在聲音，發布一篇宣言，向他們致敬，也讓他們的故事被承認、說出來、被理解、被安慰，然後給予你的內在一份真正思考後的結論或決議，你要如何看待你的人生，你要如何讓過往你承載已久傷痛，有一個帶有敬意和同理心的對待。那些傷痛或懊悔都無法再來過，也確實發生，但你對自己這樣的一個生命，要如何展開最大的善意和擁抱，這才是我們內在真正的和解和原諒。

坦然直面死亡終點，及時轉化內在心靈

人有求生的本能，死到臨頭時，總會有求生的意志，拚命掙扎，想辦法活下去。然而，即使我們拚命求生，抗拒死亡的來臨，生命本身仍有死亡作為每個人生命的終點。沒有人能迴避死亡，每個人都有屬於自己生命結束的那一刻。

老年階段會更有感。我過去進行老年團體工作時，總能聽到他們的感慨，前一陣子是哪一位同窗走了，這一陣子又是哪位老朋友離世了。老年的生活，某個層面上可說是天天都在面對分離和告別，就像是節目的製作畫面，一張團體照，因為有人離開，他的人像在團體照中就被消去了。這很像老年人的日常，曾經熟識、共事相處過的人，一個個從自己的生命記憶畫面裡消去。同時，或抱著緊張或抱著沉著的心，想著下一個在世間消去的人有可能是自己。

這種把握在世的時間，同時又要有離去的準備，矛盾而複雜的心境，若非經歷過人生的風風雨雨、看盡風花雪月的年長者，心智如何承受得起這每日的生死試探。既要不疏離社會，又要準備好隨時離去，既要投入又要放下，這確實需要一輩子數十載的人生歷練，才能從中掌握訣竅，拿捏自己的態度和意

念，不執著、不強求，也不抽離、不孤立。這屬人生高段智慧，只有時常反覆思想生死的人，才能通透生死之間，有自然法則，也有命定如此；接受自己是自然裡的一部分，也接受自己的生命定數，生死自有安排。

人若無法思考死亡，他就無法準備告別的方式，無法和他相識多年的親緣關係們好好訴說情感、暖心告別。生死是一種交棒，因為上一代的辭世，才有下一代的承擔和開創，歷代下來，知識及人文的轉變及開展，正是來自世代交替和更新。通透生死的長者明白這樣的意義，或許很早就做好交棒、退出核心地位、慢慢隱居幕後，不論是專業領域或是在家族之間。老年的生命，還是深具價值且也能有所貢獻，但若將恐懼死亡轉移成更害怕自己虛無，更焦慮自己不重要，擔心自己失去存在感和地位，而行使更多指揮和操控，不斷地要求他人伺候和服務，來鞏固自己心中期望的重要感、權力感、面子，那麼，內在的拉扯、不安，及對下一個世代的操弄、控制，將會使個人更加偏執，也更自我為中心，如此，離死亡課題的修通；安放這一生的愛恨情仇，捨下一生的情牽糾葛，就顯得背道而馳。

作業練習

全然接納自己人生發生的所有歷程

回顧生命，以接納著手

寫感謝的信、卡片或日記，是生命的重整與回顧很好的起手式。所以，你會看見熟悉的公眾人物到某個時間歲數會出版回憶錄，為自己一生辛勞、打拚和承擔責任留下佐證。我們一般人或許不會出版回憶錄，但自己日常的進行，或以網路部落格或社群平臺書寫對生命的體悟和心得，這樣做的人也不少。

當然，寫給眾人閱讀和觀看的文章，多少會顧及一些相關人士的隱私，也無法一片赤誠的完全呈現內心話，總是要顧及社交禮儀和界限的維護，否則，沒有真的實現自己回顧和整理的心願，反而因為網路無界限的傳播，觸發許多不必要的反應和解讀，就令人嘆息了。

若是想靜心回望自己一生起落，持平審視自己一生所經歷過的事物，有無自己的冒失、過錯、感謝、唏噓、惆悵、成長，所謂不經一事不長一智，若能不絕對的批判和否定，在這些來來去去的人生際遇裡，因為時間拉夠長夠久，也就能看到當中環環相扣，覺察到沒有之前的什麼，也就沒有之後的什麼。

你能全然地接納自己人生發生的所有歷程，不論是覺得情非得已，還是覺得都有自己的選擇在當中，你都一併接納了，知道自己基於某些原因，總無法做到自己理想中的期望和狀態，但也不再責怪自己，不興起自我撻伐，了然於心的明白這就是自己這一輩子完成的故事；即使故事並不完美，也知道這是這世界存在的一個故事。無論後來有人記得或全被遺忘，對你而言都不再要緊，要緊的是若有什麼你想記住的溫暖，和從心裡由衷感謝的善待，那麼給自己最後的回顧，是我們靈魂離去時，對這一生所能抱持的感念，以及對仍活在世上的人，給予他們生命的福氣和善緣的祝福。

認知終點在前，預備放手和放下

許多人走到人生最後一段，回看過往的努力、盡力，不論是貢獻或付出，也漸漸能體會和明白，這世界並不決定在某一個人手上，也不是某一個人所能掌握，而漸漸領悟出：「世界有我，沒有更好也沒有更壞，我只是參與其中一同創造。如今任務完成、修練告一個段落，我有我的前方，往下一個旅程前行。」的心境，所有歷經的豐功偉業或是任何戰績勳章，或許過往曾受表揚和矚目，也為自己的人生打下江山領土，但這些事蹟或是經歷，始終最深刻也最記得的人，只有自己。

高舉自己的功勞，擔憂別人不知道、不重視，顯示了我們用一生克服內心的自卑，拚命往優越之路奔跑，想擺脫自己身上羞恥的印記，卻成了牢固的心靈地窖，讓我們死命抓著過往的風光、名聲，就怕褪去華麗的衣裳，又看見一身赤裸、一無所有的自己。

既然此生盡情活出自己生命版本，功過他人自有評論，褒貶也由不得我們控制，那麼就試著修練比任何人都要對自己的一生有最完整而深度的剖析和總結，他人的言談和註解都是他們角度和立場的主觀投射，不可能全面，也無法真正客觀。這一生最需要求得的理解和接納是來自於自己的，因為你怎麼看待自己的此生，就會帶著這樣的意念離開。雖然並不知道這樣的意念會在死後造成什麼影響和歷程，但總還是影響生命終點那刻的身心反應，是否寧靜、安詳與和諧。

對於「死亡」，你的概念是什麼呢？從定義來說，死亡是「維持一個生物存活之所有生物學功能的永久終止」，從生物機制來說，一個有機體的停擺，就是死亡。但死亡是否代表一切都終止、不具意義，也沒有靈魂的存在？這些探究仍是未知的領域。不知道不表示不存在，我們目前確實對死後的世界，仍眾說紛紜、各有見解，不像物理世界的其他常識一致公認。對死後的世界，除了各大宗教信仰的教理解釋，還是端看一個人對於靈性意義的建構及探尋。即使並無宗教的教理成為自己所相信的信仰，但從集體潛意識和集體文化意識的堆疊下，一個人如何詮釋和看待死亡的意義，還是具有文化性和獨特性的見解。

過去，我曾在臨終病房作為一位陪伴臨終病人和家屬面對生離死別過程的助人者，這所謂「心理社會關照」的專業身分，讓我有了很特別的場域和視角，見證人最後一段生命之路的過程會以什麼樣的身心狀態和靈性觀點完成自己生命的句點。雖說人一生的故事各有不同，因此也直接影響最終死亡一刻的身心靈呈現，但我還是親眼見過平靜安詳、雖有遺憾卻無憾的個體，在意識矛盾方面得到解決，自我安然不再掙扎地面對自己的離去。不僅是給後輩學習體會生命自然的過程，也成為從容、優雅辭世的生命典範。

如《千風之歌》這首詩所寫的意境：

不要站在我的墳前哭泣
我不在那裡；我不睡去
我是千縷微風
我是雪上閃耀的鑽石
我是成熟穀物上的太陽
我是溫柔的秋雨
當你在清晨的寂靜中醒來時

我是那盤旋的飛鳥
我是夜晚柔和的星光
不要站在我的墳前哭泣
我不在那裡
我並未死去

——瑪麗．伊莉莎白．弗萊（Mary Elizabeth Frye）

死亡是生命的大成，走過一生，歷經一趟，確實如《聖經．傳道書》所言的虛空：「虛空的虛空，虛空的虛空，凡事都是虛空。人一切的勞碌，就是他在日光之下的勞碌，有甚麼益處呢？一代過去，一代又來，地卻永遠長存。日頭出來，日頭落下，急歸所出之地。風往南颳，又向北轉，不住地旋轉，而且返回轉行原道。江河都往海裡流，海卻不滿；江河從何處流，仍歸還何處。萬事令人厭煩，人不能說盡。眼看，看不飽；耳聽，聽不足。已有的事後必再有；已行的事後必再行。日光之下並無新事。豈有一件事人能指著說這是新的？哪知，在我們以前的世代早已有了。已過的世代，無人記念；將來的世代，後來的人也不記念。」無論如何獲取財富、獲得名聲地位，或是在自己的領域叱吒風雲、左右局勢，終究會被後人取代，所有累積的獲取，拿起也必須放下，或是交由別人分配、處置，終將是什麼都帶不走。人生孑然一生地來，也孑然一生地走。然而這樣一回合，我們真正累積不滅的，是自己的領會，那些對生命從無知到困惑不解，再到知所以然的「啊哈」過程！這就是「成長」。

〈結語〉成就自己成爲獨一無二的這個人

沒有人可以迴避完成他自己。即使我們每一個人出生的環境和具有的條件差異甚多，但每個人的生命任務，都在他的優勢或劣勢、強項和不足的條件上，盡力地實現自我生命的完成。

在逐步成長為人的歷程裡，幾乎是面對無數恐懼的學習歷程，從看見恐懼、重新意識恐懼、面對恐懼、接納恐懼、理解恐懼，再到不慣性反應恐懼，每一個歷程，無人可以替代我們通透和歷練。

◆童年：怕被遺棄、怕不被愛、怕分離、怕沒人保護照顧、怕自己不重要、怕自己得不到滿足。

◆青春期：怕自己不被接受、怕自己不被認同、怕自己沒有歸屬、怕自己沒有能力、怕自己不被喜愛。

◆成人初期：怕進入親密關係、怕孤單無依、怕被拒絕、怕無法生存、怕人際問題、怕沒有安身立命歸屬。

◆中壯年期：怕後退（下降）、怕失去能力、怕沒有能力照顧別人、怕自己沒有貢獻、怕離開安全的舒適圈。

◆老年期：怕行動喪失、怕自理能力失去、怕疾病、怕拖累別人、怕失去尊嚴、怕死亡、怕孤寂和對生命的否定、怕沒有基本生存安全、怕老無所依。

人生真的一路地怕，又一路地勇敢；一路地徬徨，又一路地摸索如何安頓之道。

看完自己的一生，謝幕之時，真的要起立為自己鼓掌、喝采，恭喜自己如實走完，完成不容易的闖關之行。關關難過關關過，即使有許多不完美、不理想之處，但這就是自己的人生啊！成就自己成為獨一無二的這個人，鍛造自己的體魄和心智，成為自己的力量和英雄。

即使世代沒有不殞落的英雄，世間也沒有不死亡的生命，但我們透過這個身體力行各種挑戰的學習，這一路的精采風景，才是最美不勝收所在。即使最終我們什麼都遺忘，也被遺忘，但我們曾經付出過、奉獻過、接受過、領受過，讓我們成為彼此的貴人和人生夥伴，總是有這些一路上相遇的情緣和情誼，我們才得以支撐下來，堅持住了某些艱困時刻，學習守護自己的身心意志做有意義的事，讓意義支持著生命的動力，走向完成歷練自我的目標。

法國結構主義人類學家李維・史陀（Claude Lévi-Strauss）有句名言：「世界不伴人類而生；亦不伴人類而亡。」世界的存在是世界本身，我們終將都是這個世界的旅人，沒有人能長居世界，但願在你生命的過程，盡早明白這一切只與你有關，因此你能盡早選擇忠誠於自己，帶著不再因他人的對待和傷害而分裂、切割、碎裂的合一完整自我，完成你此趟旅行的美好意義。

最後，即使流連忘返，也帶著自己的心有所悟，安然歸去。

〈附錄〉寫給你，見證成年期每十年的成長與蛻變

給二十歲的你：

在此刻，社會將定義了你為「成人」，來自你身體的發展已經經歷過層層階段的蛻變，如今像是果子的初熟，準備迎接你生命的燦爛綻放。

然而，你的心靈，關於你的內在，卻是積壓著許多的恐懼和焦慮，帶著「成人」的身分，卻對這社會的運作和規則一無所知。

該怎麼和別人說話？

該怎麼表達自己？

該如何理解別人在說什麼？

該如何能真的懂那些檯面上和檯面下，完全不同的訊息和訊號？

這世界的複雜和矛盾，已不是過往在家中那樣的簡單。雖說家庭裡也有許多的疏離和沉悶，有許多的控制和限制，但家中的長輩，你心中早已經有定論要怎麼因應和反應。

然而這社會呢？為什麼各種聲音都有，各種看法和評價，沒來由的就來衝擊你？為什麼總有人要自顧自地告訴你那麼多「人生該要如何」？

你不停地面對各種的要求，和亟欲加諸於你的安排。這很矛盾，既安心又反感。既覺得需要被保護，又很想放手走自己的路。

二十歲以後的任務，最大的挑戰在於你如何相信你有本事在社會生存，有工作的能力、有社會歷練的累積。然而也因為這樣，社會（工作）顯得傷害和壓迫，也讓人裹足不前、難以適應。像是一個巨大的社會監獄，要把你的意志和能量消磨殆盡，即使還未到三十，你都覺得自己活得好累，累到懷疑人生還能有什麼意義？

若是可以（即使很難），仍要試著開始學習在心中有自己，不再是只順應外界的眼光和要求，卻渾然不知「自己」的存在。你對自己有意識了，才能開始和自己對話，懂自己的感受、釐清自己的想法，不妄自菲薄自己的年輕，也不貿然衝動自己的年輕。

二十歲，請親自迎接自己的誕生，真正的誕生，練習做自己的再生父母，練習做自己的孩子，由自己學會什麼是關愛和照顧自己，你要知道，有些人能陪你年輕，卻無法陪你領悟人生，在你往三十而立的方向之所以能真正自立的基礎，就是學會照顧自己。

雖然世界看起來很璀璨，但誘惑和黑暗一直深藏其中，練習看見每個面貌的存在，也減少絕對二分法的解讀和應對。

既然是成人了，那麼你無論選擇什麼、決定了什麼，終究會在你身上留下印記和足跡。你的選擇，將決定你會成為什麼樣的人，這是你的權利，卻也是你的責任。

這是你要練習的，不只是以情感為導向，理性也能與你同行，一同經驗你在這世界編織的故事。

因為能歷練承擔，才能擁有屬於自我的真正自由。

給三十歲的你：

三十歲是人生命歷程中重要的神聖時刻。

雖然很多人會受困於生理時間的催逼，和社會化期待的束縛，認為三十歲就該有所謂的功成名就：有頭銜、有位置、有婚姻關係、有孩子、有不錯的薪水、有讓人稱羨的成功……但那真的是非常世俗性的要求與社會文化規則的設定。

三十歲之所以神聖，是因為隱約中，你會進入一個感覺，你想要證明自己的獨立、自己的獨當一面，你想要證明你可以有所能力。

在還不是很清楚的意識中，你會有一種回顧自己從小到大，究竟走過什麼歷程，如何長這麼大！

你在回看時，可能進入某一種悲悼，悲悼那些你過去天真與純然的相信，所帶給你的傷痛代價，或是你因為無知，也曾傷過一些人的心。

你會在回看過去時，試著想弄懂自己的人生究竟是怎麼一回事，是什麼人、什麼事、什麼經驗、什麼過程，讓你走到三十歲這一步。

你免不了怨嘆自己的錯過，也免不了怨嘆曾經誰的傷害使你似乎一蹶不振，你更可能很恐懼去回看、回想那些曾經的年輕是如何地荒唐、如何地驕縱、如何地以為自己就是唯一中心、如何地輕狂，也可能如何地畏避與膽怯。

過往，不論美好的，不美好的，似乎都會不由自主的泛起湧出。其實這是生命要你好好檢視生命傷口的時機。如果你帶著未處理、未照顧的心靈傷口，繼續讓生命往前，你將無法有意識譜寫你真正有意識想完成的生命版本。

你可能還是持續地陷入在長久以來環境與家庭對你的框架，你的身世與背景帶給你的恥辱，或是你成長歷程中蒙受的羞愧與冤屈，帶著這些委屈、怨念與冤枉，甚至是強烈的憤怒與挫折，進入生命下一段歷程與時光。

三十歲的關鍵並非只是社會性意義的，那是社會秩序與家庭文化控制下的影響。三十而立的「立」，真正意義是「成為一個獨立成熟的個體」，那才是生命發展的神聖意義。

如果沒有經過三十歲回看過往傷口的洗滌，沒有經歷過與過往自己和好的洗禮，你如何帶著一份嶄新的能量，帶著一份對於生命的熱情，與一份對自己探索後深知的意義感，繼續走往你前方的人生？

下一個三十年，你的力量如何，你的內在資源與支持力如何，便看你在三十歲時，如何與你的前三十年深刻地連結、深刻地理解與撫慰，又深刻地和好與整合。

給四十歲的你：

四十歲的人生階段，會帶來很大的心靈衝擊：像在牢籠裡般動彈不得，很想衝破人生的天花板，卻又感覺無能為力。很想證明自己不只能這樣，但現實生活卻處處讓你體會到好像真的只能這樣……在自我期許和自我挫敗中來回掙扎，有時很想全部都放棄，有時又害怕全部都失去。望著前方未來，開始面對身體逐漸退化的證據，同時又不服氣地很想證明自己「還年輕」。

職場上高不成低不就，無法再接受有工作就做；但都沒工作的話，也很怕自己餓死、沒路用……

不想過上一輩人的人生，卻也不知道自己的人生要如何過才是自己真心想要的……

四十歲在生命階段裡，是一個很特別的時間，讓你不斷回看過去，也不斷看向未來。但你知道的是，你的生命需要和解，需要清理，需要重新抉擇屬於自己的決定。

這是你想要的「確信」。

四十不惑之年，卻帶來許多的疑惑，最終是要你對得起自己，知道自己是誰，在人生長長卻也短短的這一世，你究竟要如何寫下你的下半局。

你真的沒有時間再討厭自己、再輕視自己、再和自己矛盾衝突了，只有你完整、和解、勇敢、真誠地面對自己，也才會支持自己做的選擇，及肯定自己的存在。

四十歲是第二人生的開始，帶著第二次二十歲的自己，想要真正擁有自己的人生，想要自己真心喜歡的生活，正是你內在呼喚的聲音。

因為，四十的篤定，是為自己人生再鼓舞一次「活出自己」的勇氣。那些過去勉強、強迫、束縛、苛求的，或是許多不得不的，現在的你，都需要有一種覺醒的勇氣，具足力量掙脫，解脫那加諸在你身上的束縛。

唯有你擁有自己的「意識」，知其所選擇的，選擇所愛的，你才能因為那一份感動和熱情，了然於心，你的生命終究希望你與自己和解、和好，過一個心滿意足，完整自在，不必奢求如同別人一樣的人生。

給五十歲的你：

對於自己的存在，有了前面的累積與鍛鍊，如今可以安然於自己的責任與義務，都在慢慢卸下中，如釋重負。

然而，也可能所有的壓力和照顧的責任，仍背負在自己肩頭上，無法卸下。所以，各種的焦慮、壓抑、疲累、無力，都紛紛湧出，懷疑自己的人生將停止於此，將被迫面對接續一連串的失去和失控。

關於五十的知天命，是來自「全然的接納自己」，有著二十加三十的心靈，想要再擁有二十歲的活力、關係中的熱情，也想擁有三十歲的獨立自我。

在面對諸多的失去和失控之中，最害怕的是面對自己的空虛，和一切付諸流水，對於想要能如實的接納自己的生命來說，無疑成了最大的挑戰。

無論過往的出生、經歷過的青春，走過的悲歡離合……都要能從心底深處接納自己對於生命的盡力和努力。即使事與願違的事那麼多，而你的生命也經歷過告別了許多人，在來來去去的緣分中，體察生活的價值與自己的選擇。

然後，你原諒自己了嗎？

你寬容自己的限制了嗎？

你把拋出去很久的自己，擁抱回來了嗎？

你免不了感嘆過往的錯過，或是在無意識中所做的決定，那些讓你的人生吃了不少苦頭，也承受了許多關係的傷痛。然而，全然接納自己的意義，就在於即使是錯過、失誤、遺憾和後悔的事，我們也一併地接納，因為那就是構成你之所以是你的一部分元素和原因。

五十歲的你，即使可能還在嘗試摸索自己，探問自己這一生到底有沒有真實地貼近自己、聆聽自己？但五十歲的你，比之前都更知道在更大的力量（天道）之前，個人的力量和氣力是有限的。我們無法活在無限擴張當中，活在以為這世界都讓我取之不盡、用之不竭的假想中。

能有兩、三個知心好友、能有兩、三件很喜歡的事情、能有兩、三個很喜歡去的自在地方、能安排兩、三件真心喜歡的學習……這樣的人生，足矣。

五十知天命，是一個最接近知足和知止的時刻，知道自我的那條線在哪裡，知道在自己能有所發揮的地方，老老實實守護著，學習看見晚輩的成就，為之喝采，也準備交棒，然後如實認識自己，修練和自己的整合，陪伴自己過好每一天，好好呼吸、好好吃飯、好好行走……身體是你的夥伴、心靈是你的支持，在你的一念一動之間，都更覺知自己的完整。

生命歷經走至三分之二，你已明瞭人生無非是：敬天、愛自己和祝福別人。這是你的存在，和世界之間，達成和諧共處的領悟。

給六十歲的你：

如果將六十看成三十的兩倍，那麼六十歲可說是第二次的三十而立，對你而言，意義將有何不同呢？

雖說孔子對於六十歲的生命感觸是，此時你能「而耳順」。意思是說，這時的生命階段，在聽到對方的言語時，就能多少了解對方說話的意思，即使是對方內心深處的想法，也能夠清楚明瞭。

這時的生命階段，有六十年的歷練，大部分的生活體驗都經歷了，不然至少也都聽聞過了，對人生有自己一番見解了。若沒有活成更加地主觀和固執，那麼六十的生命階段，會是一種風平浪靜，不再糾結於他人和自己期待之間的落差，反而有一種理解和包容，聽懂弦外之音，也通透人內心的各種複雜。

雖說在現代，六十歲不算年老，也有人正開展自己的事業第二春或感情第二春。就如三十而立再來第二回，有自己的雄心壯志，也可能領悟了自己真正想要實現的人生。不同的是，現在的你，相較於三十歲尚淺的社會經歷，現在的你，有更多的資本、人脈和歷練，能夠讓你更加務實地規畫和執行自己的夢想。

然而，你仍有夢嗎？仍有擁有夢想的勇氣嗎？

六十年的生命歷程，究竟是你的滋養和醞釀，還是你的束縛和消耗？

願這一個六十歲，有你的義無反顧，更有完成自己的決心，也有更多接納回完整自己的寬大，成為自己厚實的支持，也最重要的理解。若身旁有人，更能明白善待和祝福的重要，若身旁沒人，也能體悟到與自己孤獨安在的寧靜安穩。

只要生命還康健，那麼為自己找到可以參與社會的事物，不需帶有任何企圖和目的，若能回到生活本質，更有別於之前的生命，不再汲汲營營，也不需應和配合，每天練習和自己當下的情感意志同在，尊重自己的意願、訓練自己的心智，並在生活中真實感知自己的全人（完整性），那會是你此生內心最幽靜的心靈祕境，與自己獨步在生命花園中，感受自己的豐盛和美好，不枉此行，不枉此生。

Eurasian Publishing Group
圓神出版事業機構
用心與你對話・網野無限寬廣
究竟出版社
Athena Press
www.booklife.com.tw
reader@mail.eurasian.com.tw
心理 077

獨立鍛造：

一生受益的自我心理學，重新領悟生命八大任務，邁向圓滿

作　　者／蘇絢慧
發 行 人／簡志忠
出 版 者／究竟出版社股份有限公司
地　　址／臺北市南京東路四段50號6樓之1
電　　話／（02）2579-6600・2579-8800・2570-3939
傳　　真／（02）2579-0338・2577-3220・2570-3636
副 社 長／陳秋月
副總編輯／賴良珠
責任編輯／張雅慧
校　　對／張雅慧・林雅萩
美術編輯／李家宜
行銷企畫／陳禹伶・鄭曉薇
印務統籌／劉鳳剛・高榮祥
監　　印／高榮祥
排　　版／陳采淇
經 銷 商／叩應股份有限公司
郵撥帳號／ 18707239
法律顧問／圓神出版事業機構法律顧問　蕭雄淋律師
印　　刷／祥峯印刷廠
2022年10月　初版
2023年1月　4刷

定價 370 元　ISBN 978-986-137-384-3

史無前例生活最便利、物質最享受的現代人，
心理健康狀態卻是史上最糟？！
本書將帶領我們從生物演化和神經科學的角度重新認識，
當你抑鬱不安時，身邊的人說「不要想太多」「說出來就好」
這些話真的很管用，大腦和情緒運作就是這麼單純。

——《你的大腦有點Blue》

國家圖書館出版品預行編目資料

獨立鍛造：一生受益的自我心理學，重新領悟生命八大任務，邁向圓滿／
蘇絢慧 著. -- 初版. -- 臺北市：究竟出版社股份有限公司，2022.10
288 面；16.5×21.0公分. --（心理；77）
ISBN 978-986-137-384-3（平裝）

1. CST：自我肯定 2.CST：自我實現 3.CST：生活指導

177.2　　111013218